『なぜシブヤの小学2年生はタブレットを使いこなせるのか？

―非カリスマ型リーダーのICT改革戦略』

著者 豊岡弘敏
（前渋谷区教育委員会教育長、元渋谷区立上原中学校統括校長）

【はじめに】

ここは渋谷区のとある小学校2年生の教室です。

教師が「タブレットを用意して」と声をかけると、子どもたちは筆箱やノートと同じようにタブレットを取り出し、机の上に置きます。そのまま自分でタブレットを起動させ、教師が指示したアプリを開いて使い始めます。

不具合があった子どもたち数名が手を挙げると、教師は席に近づいて画面をのぞきこみ、不具合解消のためのアドバイスをします。決して誰も大騒ぎすることなく、たんたんと授業は進行していきます。

子どもたちはタブレットに向かうだけでなく、時には教師の話に耳を傾け、時には周囲の同級生たちと話し合いをします。タブレットに向かっている時間は授業内で合計15分ほど。タブレットを使うことが授業の目的ではなく、児童に何を学ばせたいかという授業のねらいが明確にされていて、その手段としてタブレットが有効に取り入れられていることがわかります。

視察に来ていた大学の先生が、この光景に**「小学２年生がここまでタブレットを扱えるのですか！」とたいへん驚かれていました。それに対して、当時、渋谷区の教育長だった私は「この学校だけではありません。区内すべての学校の子どもたちが同じように扱えます」**とお答えしました。

この2年生のクラスに特別ＩＣＴに長けた先生がいるから、もしくは特別に優秀な子どもたちを集めているからというわけではありません。現在の渋谷区の小中学校では当たり前の授業風景です。

ＩＣＴ推進校だけではなく、どこの学校、教室でも同じような授業が繰り広げられています。

渋谷区の全小中学校の児童・生徒にタブレット一人一台貸与が始まったのは２０１７（平成29）年9月のことです。それから4年。今では、どこでも誰でも使えるＬＴＥ回線を使用した「渋谷区モデル」は、全国に知られるようになりました。

私は全国に名の知られる、いわゆる「カリスマ教育者」や「カリスマリーダー」ではありません。パソコンについては当初、ワードとエクセル、パワーポイントくらいの知識しかありませんでした。後述しますが、渋谷区は都会のど真ん中にあるものの、繁華街を一歩抜けると落ち着いた住宅街が広がっています。いわゆる受験に強く、特別な教育を行う「有名公立校」が集まっているわけではありません。また、渋谷区の教育現場にも当初から特段ＩＣＴ教育推進を受け入れやすい土壌があったわけではありません。さらに教師たちは日々の授業研究と校務に精いっぱいで、新たな試みを受け入れるほどの余裕をもち合わせていないという状況は、渋谷区でも変わらなかったのです。

では、どのようにして、黒板とチョークによるアナログ授業で成果を上げてきた教師たちに、タブレットを取り入れた授業を浸透させていったのか……。子どもたちはどのようにしてタブレットを学びの道具として、自然に使いこなすようになったのか……。ＩＣＴ推進モデル校の統括校長として先陣を切ってから、教育長として区内の全小中学校にタブレットを浸透させるまでに行ったプロセスと戦略を、この本を通してお伝えしたいと思います。

詳しくは本文で述べますが、私は、東京都の中学校の保健体育の教員として採用され、教育委員会の指導主事、統括・指導室長、都庁人事部の主任管理主事などを経て渋谷区上原中学校の統括校長に赴任。そして渋谷区教育長で定年を迎えるというキャリアを送りました。教育にかかわるさまざまな立場を経験したわけですが、役職によって見える景色がまったく違っていることに、毎回新鮮な驚きをもって任にあたってきました。

現在、渋谷区はＩＣＴの先進自治体として、全国からたいへんに注目されていますが、もし、そこに私が貢献できたことがあったのだとしたら、さまざまな立場の人が、それぞれどのように感じているか身をもって理解した上で、誰もがある程度納得し前向きに「やってみよう」と思えるような方針や施策を打ち出せたことにあるのではないかと、振り返っています。

ＧＩＧＡスクール構想の機運が高まる今、いきなりタブレットがもち込まれて戸惑っている校長や副校長、教師の方々、教育委員会の方々が多くいることでしょう。私の経験がそんな皆さんへの、「学校デジタル化」促進のヒントになれば幸いです。

第二章　「ダメな学校」はない。「ダメな先生」もいない

第三章　「渋谷タブレットの日」をやろう！

第五章　「学校デジタル化」に待ったなし！〈未来の学校〉に必要なこと

第一章　ＩＣＴ時代の到来。校長はどう舵をとるべきか

1　たった40台のタブレットでスタート

●幕開けは1本の電話から

２０１６（平成28）年４月、私は渋谷区立上原中学校の統括校長に命じられました。なぜ、「統括」校長なのかということですが、上原中学校の場合は、生徒たちが教科ごとに専用の教室を時間割に合わせて移動していく「教科教室型」というシステムを採用しているからです。「教科教室型」の課題を洗い出し、改善を行うための配置でした。

当初「渋谷区」と聞いて、若者文化の発信地、大都会をイメージしました。ですが、渋谷駅や原宿駅といった繁華街から一歩抜け出すと、落ち着いた住宅街が広がっており、人情味あふれる温かい町会が組織されています。私が赴任した上原中学校の付近もそのような場所にあり、町会をはじめ地域の方々には当初よりずいぶん支えていただきました。

赴任してから半年ほど経ったころでした。私のもとに１本の電話が来たのです。

「来年度、渋谷区で児童・生徒一人一台のタブレット貸与を考えているので、上原中学校にはＩＣＴのモデル校として先んじてタブレット活用に取り組んでもらいたい」。東京都教育委員会人事部時代の同僚だった渋谷区教育員会学務課の加藤聖記副参事からの依頼でした。

「児童・生徒一人一台のタブレット配備」が考えられているという噂は耳に入っていたので、「本当に動き始めたのだ」と内心は驚いていました。

これまで、教育委員会での仕事を通して、課題解決や改善、改革という仕事に手応えを感じてきた私にとって、統括校長として新しいことに取り組めることは何よりうれしく、断る理由はありませんでした。「はい、やります！」と二つ返事で了解しました。

●ＩＣＴに冷ややかな現場の空気に直面

ところが、すぐに壁にぶちあたりました。**「現場の教師たちをどう動かしていくか」**です。職員会議でＩＣＴのモデル校になったことを伝えても、教師たちはまったく乗り気ではありません。関心すら示さないのです。私の思いと彼らの気持ちには歴然とした温度差がありました。もちろん私もかつては体育教師として教鞭をとっていたので、現場の教師たちが日々の教育活動で手一杯ということはわかっています。**闇雲に「タブレットを使ってください」と言い続けても彼らの心は動きません。**

突破口が見つからないまま、2カ月後には40台のタブレット端末が届きました。ご存じのとおり、40台という数は1クラスがようやく使える数です。3学年全体には行きわたりませんでしたが、これが区内での児童・生徒一人一台タブレット配備の助走となるわけです。もう、スタートするしか選択肢はありません。

そこで**まず私が行ったのはビジョンを示すこと**でした。一般の会社であれば、社員たちの意欲を高めるために経営者がビジョンを提示することで組織が動きます。**校長はいわば学校の経営者。校長が「やってもやらなくてもいい」というスタンスでは、現場が動くことは皆無です。**

そこで、「うちの学校はICTを推進します」とまず宣言をしました。さらに「上原中学校を『未来の学校』にすることを目指しましょう。その手段としてのタブレットの活用です！」「未来を想像することで、未来を創造しましょう」と、ことあるごとに力説しました。実はその頃にトニー・ワグナー『未来の学校―テスト教育は限界か』（玉川大学出版部刊）を読み、その「未来の学校」というフレーズと考え方に深く感銘を受けました。**子どもたちが生きる未来の社会に必要な力を私なりに考えてみると、「児童・生徒一人一台にタブレット」というICT教育は必然だと、確信ができていたのです。**

●強力な助っ人「ICT支援員」あらわる！

校長の仕事として、教師たちの授業観察というものがあります。通常は1年に3回くらい行うのですが、タブレット導入後、**私は時間があれば教室をめぐり授業観察を行いました。**導入当初はタブレットを活用した授業はほとんど見られませんでした。しかし、1カ月くらい経ったころから数名の教師が授業で活用し始めました。3カ月経つと、教師全員が授業で1回以上は活用しているという状況になっていきました。タブレットに限らず、デジタル黒板、プロジェクター、スクリーンなど、関連するICT機器を工夫して授業に取り入れる環境が徐々にできあがっていきました。

これには理由がありました。教育委員会が配置してくれたタブレット端末のメーカーの社員さんで、**「ICT支援員」という外部要員の活躍**です。どんなに私が職員室でビジョンを掲げたからといって、実際の使い方がわからなければ教師たちは動きようがありません。このICT支援員の力が絶大でした。

彼女が「何かお困りのことはありませんか?」「何でも聞いてくださいね」と積極的に教師たちに声をかけて回ってくれたことで、教師たちのやる気が一気に高まりました。教師たちからもどんどん質問がいくようになり、ICT支援員と一緒に授業づくりを進めている姿が見られるようになったのです。

●教師と支援員をつないだ1枚の「ホワイトボード」

しかし中には授業の空き時間がなかなかなく、ようやくできた空き時間も生徒指導で終わってしまう教師もいます。タブレットを取り入れた授業を行いたいのに、支援員との時間が取れずに行動に移せない教師も多くいました。そのうちに、職員室に専用のホワイトボードを置いて、そこで支援員とやりとりをする案がある教師から出されました。

「タブレットが起動しない」「不具合がある」などの技術的な内容から、アプリケーションの授業での活用方法など踏み込んだ内容まで、聞きたいことがどんどん書き込まれ、支援員さんからの回答がぎっしりと書き込まれていきました。**質問をした当人以外も質問と回答を共有することで、全教師がタブレットについての知識を深めていくことができました。ホワイトボードは忙しい教師と支援員をつなぐ、とても効果的なツールとなったのです。**

やがて教師たちと支援員はタブレット以外の雑談でも盛り上がるようになり、一緒に食事にも行くなど、人間どうしの関係も深まっていきました。

多くの教員は、教育という重大な仕事にかかわることに使命感を感じています。そのため、教員どうしの仲間意識も強いものがあります。これ自体は、とても素晴らしいのですが、仲間意識が強いがゆえに、一歩間違うと閉じた社会になってしまいます。学校組織で外部人材に活躍してもらうのは、難しいこともあります。

そのため**私は、支援員がこころおきなく動ける働きやすい環境を整えることに全力を注ぎました。**ホッとできる空間があるほうが良いだろうと、空いていた教室を支援員さんに使ってもらい、緊張をほぐすべく、時にはお茶やお菓子をお持ちして、他愛のない世間話をしていました。実に小さなことですが、その雑談から、支援員さんの思いを汲みとり、改善につなげることを心がけました。

ＩＣＴ支援員はこうして約半年ほどで上原中学校のＩＣＴを劇的に推進してくれました。最後の勤務日には、いつのまにか花束と色紙が用意され、支援員さんも教師たちも涙、涙のお別れとなりました。まさにＩＣＴが築いた絆でした。

『2 なぜ「ICTを使うのか」という理由を発見』

●機種変更で振り出しに

上原中学校に40台のタブレットがやってきてから約10カ月後。２０１７（平成29）年9月、ついに渋谷区立の全小中学校で児童・生徒一人一台のタブレットが配備されました。

しかし、配備されたのは、すでに使用していた40台のタブレットとは違う機種でした。「違うじゃないか」「せっかく慣れてきたのに……」。多くの教師たちから不満の声が上がったのは言うまでもありません。

民間企業でも学校でも同じですが、第一線で働く者の意見や要望を聞きはするものの、違う決定が下されることはままあることです。それが、現場の高い士気を損なうこともよくある話です。この時も、職員室の空気は一気に振り出し時に近い冷めた状態に戻ってしまいました。せっかく一人一台のタブレットが配備されたにもかかわらず、タブレット活用の勢いが停滞してしまうことが心配でした。

そんな時です。モデル校の話をくれた渋谷区教育委員会学務課から、「ＩＣＴ教育の先進地区福島県新地町へ視察に行かないか」という話が舞い込みました。新地町は「素晴らしいＩＣＴ教育の取り組みをされている」と評判の地。さっそく上原中学校のＩＣＴの研究に意欲を示していた加藤雄一先生とともに旅立ちました。

●ＩＣＴ活用の本質は教師の指導力向上にあった

新地町は、太平洋にほど近く、駅を降りると枯草の続く更地がどこまでも広がり、駅前にはお店も住宅もありません。東日本大震災で津波被害があった地域であることがすぐに伝わってきます。２０１１（平成23）年、東日本大震災が発生する2カ月前から総務省「スマートスクール・プラットフォーム実証事業」、文部科学省「次世代学校支援モデル構築事業」に取り組み、震災後は復興の一環として、ＩＣＴ教育を推進してきました。被害にあわずにすんだ町立の小学校3校、中学校1校は避難所としても使われていたそうです。そんな最中に教

当時のＪＲ新地町駅前の周辺

師たちがＩＣＴ活用への取り組みを進めていたことを想像すると胸が熱くなります。

１日目にまず向かったのが新地町教育委員会でした。そこで**ＩＣＴ担当の指導主事の方にお話をうかがいました。印象に残ったのは「ＩＣＴありきではなく、教師の指導力向上であり、授業改善が目的です」**という言葉です。

指導主事の方いはく、特に中学校では授業改善が十分に進んでおらず、**「教師主導型（一方的な講義形式）」で「教師がしゃべりすぎる」授業を、「主体的・協働的な学び」「個々に応じた学び」「探究型の学び」に変えていく必要があり、そのためにはＩＣＴ教育の推進が欠かせなくなってくる**ということでした。**「ＩＣＴの活用は、そのためのしかけに過ぎないと思います」**という言葉にも、私は大いに共感しました。

つまり、これまでも、これからも学校教育に求められるのは教師の授業力の向上です。加えて、ＩＣＴを活用した授業力・指導力の向上もなければなりません。**活用の引き出しをたくさんもっていれば、授業内容に応じて容易にタブレットを活用した授業展開を選択することができる**からです。

私自身も指導主事の経験があり、自分よりも年上の教員にも指導しなければならない場面が多々ありました。その経験を踏まえ、「指導主事とはみんなのアイドルでなければならない」が持論です。**アイドルとは、「学校から信頼され、教員のあこがれの存在。その存在そのものが魅力的であり、学校教育を支え動かす人」のこと**です。

新地町で話をうかがった指導主事はまさにそのような方でした。ご自身の考えをしっかりともち、指導主事の仕事を思う存分に行っていて、目がいきいきとして話がうまい。何よりも笑顔が魅力的でした。

もちろん、渋谷区の7人の指導主事・統

尚英中学校研究発表会

括指導主事も負けてはいません。渋谷区の学校教育のアイドルとして働いてくれました。渋谷区のタブレット活用推進の担い手もまた、指導主事・統括指導主事であったことは間違いありません。

●「タブレットの普段づかい」という光景

2日目には、福田小学校と尚栄中学校の授業を参観しましたが、子どもたちは小学校低学年のうちからタブレットを難なく使いこなし、普段使いの道具になっているのがわかりました。**教師は授業のねらいや目的がしっかりしていて、あくまでも授業の内容をさらに深い学びに変えるためにタブレットを使い、ICT機器を操作していました。ICTありきでないICT教育の姿がそこにはありました。**

「町の復興は教育の復興である」。そういう考えや思いがバックボーン（中心的な支え）となり、**学校だけでなく、保護者、地域が一体となってICT活用に取り組み、成果を上げてきたのです。**

視察に訪れる以前、私は、教師たちにタブレットをいかに使ってもらうかということばかりに注力していた気がします。教師たちが使ってさえいればある程度満足していました。しかし、どこかでパズルの最後のピースが埋まらないような、「違和感」を抱いてもいました。

そのピースが新地町での視察でぴたりとはまりました。**すなわち、タブレットを使って「何を成し遂げるのか」という「バックボーン」をもつこと。**それまでは、「手段」が「目的化」することもあったのです。私の中で「こうありたい」というＩＣＴ教育の姿をしっかりとイメージすることができた瞬間でした。

『3　「研究発表会」を活用し、現場を一気に動かす』

●上原中学校のバックボーンとは

新地町の視察から戻り、教師たちに私たちが見てきた感動を報告しました。しかし、私や一緒に行った加藤先生の熱い思いは、あまり伝わっている感じはしませんでした。その数カ月後、上原中学校も新地町と同じく、総務省「スマートスクール・プラットフォーム実証事業」、文部科学省「次世代学校支援モデル構築事業」に取り組むことに。3年をかけて行う研究・事業です。

すると「研究授業を何度も行うのは負担です」「研究冊子の作成は面倒です」「研究発表会はやりたくありません」と、教師たちから予想通り反発の声がありました。

新地町にあって、上原中学校にないものの一つとして実感していた「活用のバックボーン（中心的な支え）」を、今こそ明確に打ち出さないともたないと感じました。**一人一台タブレット貸与になったからには、教師も、保護者も、地域も、バックボーンの元に一体になって、本気でＩＣＴ教育推進へ取り組むことが必要なのです。**

考え、悩み、教師たちにも投げかけました。そして行き着いたのが「渋谷ブランド」というバックボーンです。

前述した通り、渋谷区の公立学校は特色を打ち出しているものの、ごく一般的な学校教育が行われています。一方で、「渋谷」の地名はブランド化しており、全国のどこでも通じるという大きな強みがあります。そんな地域でモデル校として全国に先駆けてICT推進を行ってきた上原中学校は、今やICT教育におけるフロントランナーですが教師たちは気づいていません。

「自分たちこそがフロントランナーである」という自負を教師たちが強くもつこと、その機運を醸成していくことができれば、全国で名が知られる渋谷区でICT教育をさらに推進するモチベーションとなるはず。誰にも臆することなく、「渋谷だからできる!」「上原中学校だからできる!」と宣言し、渋谷区立のプライドにかけてタブレット活用を進めるべきだと考えたのです。

学校における管理職は、民間企業の管理職と違って、部下の「任命権・人事権」を直接的に握っていません。ですから校長などの管理職は、教員のやる気を引き出すスクール・マネジメントがより重要になります。時には厳しく指導したり、改善点を細かく指摘したりして、現場の教師を動かそうとします。しかし、**ICTの活用は、何より教師たちが「役立つ」「おもしろい」という気持ちにならなければ、進みません。**

管理職が口うるさく、ダメなところを指導しても、ICTに「ネガティブ」な印象をもつだけです。ですから、私は、**教師に細かく指導するのではなく、自分たちの教育にプライドをもって取り組んでもらう戦略をとりました。**

●「校長たちがやるもの」だった研究発表会の主役を教師にする

「スマートスクール・プラットフォーム実証事業」「次世代学校支援モデル構築事業」についての研究・事業プランもつくりました。これにも新地町の視察が大いにいかされました。「まねる」は「学ぶ」です。新地町の良い部分をまねながら、「渋谷オリジナル」を追及していくには、**オリジナルにこだわることが重要です。**

まず、渋谷区では関係事業に取り組んでいる上原中学校以外の小学校2校も含めた計画にすること、**いずれは渋谷区の小中学校26校が目指す「渋谷プラン」として通用するような構想にすることが大事です。そうしてできたのが、次ページの『未来の学校』～上原中学校　研究構想図～」です。**

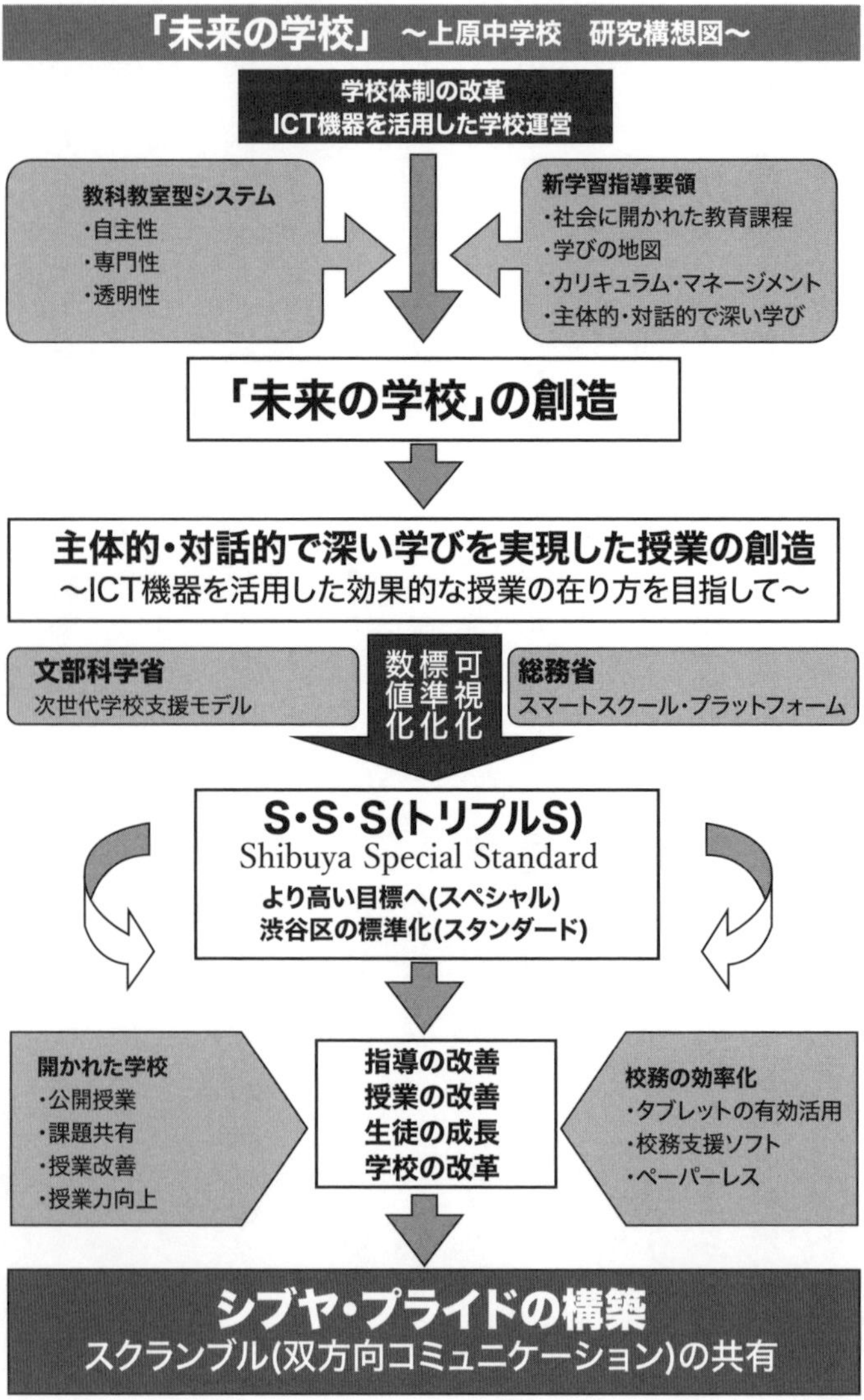
「未来の学校」 ～上原中学校　研究構想図～
学校体制の改革
ICT機器を活用した学校運営
教科教室型システム
・自主性
・専門性
・透明性
新学習指導要領
・社会に開かれた教育課程
・学びの地図
・カリキュラム・マネージメント
・主体的・対話的で深い学び
「未来の学校」の創造
主体的・対話的で深い学びを実現した授業の創造
～ICT機器を活用した効果的な授業の在り方を目指して～
文部科学省
次世代学校支援モデル
可視化
標準化
数値化
総務省
スマートスクール・プラットフォーム
S・S・S(トリプルS)
Shibuya Special Standard
より高い目標へ(スペシャル)
渋谷区の標準化(スタンダード)
開かれた学校
・公開授業
・課題共有
・授業改善
・授業力向上
指導の改善
授業の改善
生徒の成長
学校の改革
校務の効率化
・タブレットの有効活用
・校務支援ソフト
・ペーパーレス
シブヤ・プライドの構築
スクランブル(双方向コミュニケーション)の共有

問題は教師たちにこの研究・事業をどうやって「自分ごと化」してもらうかということです。そこで目を付けたのは教師たちが大反発している「研究発表会」でした。学校によっては、研究・事業は校長、副校長、教務主任、研究主任の4人が主となってやるもので、自分たちは従うだけという意識があります。それを大転換するために今回、上原中学校は、**年に3回、現場の教師たちが主役になる研究発表会を設定し、彼らを主役にするやり方を考えた**のです。教育委員会からは「初年度は研究発表会を実施しなくてもよいですよ」と言われていましたが、1月末と2月に行うことに決定しました。実施を決めたのが1月のはじめで、準備期間が短い上に年度末の忙しい時期です。教師たちはもう迷っている間もなく行動するしかなくなりました。

一般に研究発表会や授業公開は負担はあるものの、教師にとって大きな刺激になり、経験が積み重ねられて自信につながります。また、授業改善や新しい指導方法を深く学ぶきっかけにもなり、教師としての力量が磨かれて成長します。ICT推進においても、欠かせないものなのです。自身の経験からも、教師たちに負担がかかるのは承知していましたが、しかし何とか成長するための原動力に変えてもらいたいと、実施を決断しました。

3回に分けて行ったのは、上原中学校での研究事業のために教育委員会に依頼をしてアドバイザーになっていただいた大学の先生が3名いたことから、各先生に講演をしていただきたいという目的があったからです。さらに「研究発表会を行うのであれば、区内の教師ができるだけ多く参加できるように」という教育委員会からの要望にも応えようと考えたためです。

教育委員会からも各小中学校に「上原中学校で渋谷区ICT教育推進アドバイザーの学校視察・ICT教育研修会」が実施されるという通知を出してくれました。結果、区内の教師が各日30名程度、合計で100名以上の参加があり、ICT教育推進への関心が高まっていることがわかりました。

区内のたくさんの教師が参加してくれましたが、**3回行った研究発表会によって、いちばん多くのことを学べたのは、なんといっても上原中学校の教師でしょう。研究に対する覚悟と誇りのようなものが芽生えたこと、すなわち「渋谷ブランド」の萌芽を感じました。**これを機に、ほとんどの教師が進んでタブレットの活用を行うようになり、生徒も授業でタブレットを使うのが当たり前の光景になっていきました。負担をかけたものの、教師たちが期待に応えて、教育を進化させてくれたことに、心から感謝しました。

●「否定的な教師」も「先駆者」に変わる

ここで上原中学校で、最初にタブレット活用に乗り出してくれた教師たちの話をしておきましょう。一人は当初からＩＣＴ教育に乗り気だったことから、新地町の訪問に同伴をお願いした英語の加藤先生。もう一人は私と同い年のＩＣＴ推進担当（後に教務主任になった）の数学の関 富美雄先生です。関先生は、とても授業力のある先生だったので、ぜひタブレットを使ってほしいと考えていました。最初は拒否感をもっていたのですが、同い年ということもあり、普段から飲みに行ったり、他愛ない話をしたりする中で、私がニコニコと「タブレット使ってみてよ」と、お願いをし続けた結果、授業に取り入れてくれました。予想通りとてもうまく活用してくれるようになりました。

関先生には、月に1、2回ある定例会にも、中学校の担当校長であった私とともに出席してもらいました。定例会では各学校のＩＣＴ推進担当が集まり、「この授業にはこのアプリが便利です」など、共有された活用事例を学校にもち帰り共有します。ここに参加するICT推進担当の先生たちは、学校におけるICT教育の推進のキーパーソンと言えるでしょう。ICTに強い教師が任されていることもありましたが、学校内での影響力がある教務主任が併任していることも多かったです。教務主任は、教育課程全体をマネージメントし、学校教育活動の全体計画の中でICTをどのように位置づけるのかも決めていきます。それを受けてICT推進担当が具体的な取り組みを進めていくのです。上原中学校では、教務主任にICT推進担当を兼務してもらった年度もありました。

兼務することによって、スピーディーに推進が運ぶことがあるので、導入段階は兼務で進めたほうが有効であると考えます。しかし、兼務では内容が偏ったり負担だったりすることもあり、一人一役のほうが学校組織として仕事に広がりを与えてくれる、ともいえます。兼務させるかどうかは、学校によってケースバイケースと考えていただくのがよいでしょう。

上原中学校ではほかにも社会科の教師、理科の教師、音楽科の教師も「これは使える！」と早々と思ってくれたようで、導入間もない頃から積極的にタブレットを使ってくれました。教科の特性もあったのでしょう。社会科は教科書以外だと調べ学習が多い教科です。調べ学習にはタブレットが大いに力を発揮します。また理科も観察の学習でカメラ機能が活用できます。タブレット導入前からデジタル黒板もうまく使っていた教師だったので、タブレット活用もスムーズでした。音楽科もカメラの動画機能を使った授業展開を上手に行ってくれました。

やはり**どのような取り組みにも前向きで、授業力のある教師は、タブレット活用でも先駆者となってくれます。「これ使ってみない？」と声をかけると、うまく活用してくれることが多いです。そのような教師が学校内で先行事例をつくってくれることで、「あんなふうに使えるなら」と後に続く教師も出てくるのです。**

ＩＣＴを推進するにあたって、こうした先駆者の存在は非常に重要です。一方で私は、**ＩＣＴに否定的な意見をもつ教師も、疎外感を感じることがないよう配慮することが重要だ**と感じていました。なぜなら、ＩＣＴを使った授業はすべての教師にとって有用で、今はたとえ否定的だとしても、近い将来はきっとこのことを理解してくれると信じていたからです。**彼らが活用してくれるようになれば、おそらくＩＣＴの推進は加速度的**

に進むはず。詳しくは第二章で述べますが、こう信じて、**ICTに後ろ向きな教師を否定し、居心地が悪くなるようなことは決してしまい**と、心に誓っていたのです。

●体を張って「タブレット授業」に挑戦

ICT教育推進の旗振り役となるリーダーにICTの知識が必要かというと、そんなことはありません。リーダーがやるべきは「うちの学校・自治体はICT教育をやっていく！」と宣言し、ビジョンや方向性を示すこと。むしろ「絶対に実現させる！」という気概、やる気こそが重要なのです。

もちろん校長自身にICTの知識があるに越したことはありません。「具体的にこういう時にこう使えます」と提案をして、自ら活用のリーダーシップも取れるからです。私のように**自分に十分な知識がない場合は、教育委員会にかけあって、ICT支援員を配置してもらう、より専門性の高い大学の先生をアドバイザーとして招聘してもらうほか、学校外の資源として地域の人材を活用するのも手**です。

校長として、ICTの知識が十分になくてもできることがもう一つあります。それは、実際にタブレットを使った授業を行ってみることです。私も、一度、体育の授業をやってみました。

もともと私は保健体育の教師でした。都の体育授業研究も多く行ってきたこともあり、学校でタブレット活用が進むにつれて、自分自身もタブレットを使った授業を実践してみたくなりました。ちょうど体育教師に急遽出張が入り、2年生の授業が空いてしまいそうになった時に「私がやりましょう！」と手を挙げたのです。

体育科の先生や副校長、器械体操の専門だった教務主任にも相談しながら、マット運動での連続技（後転→前転→開脚前転）についての授業を行うことにしました。当日は3人とも「校長に何かあっては！」と心配してか、体育館に駆けつけてくれ、場の設定や環境づくりも一緒にやってくれました。

授業では、まず生徒に課題を出して練習してもらい、タブレットの動画撮影機能を使って生徒どうしで録画しあい、録画した自分の動きを見て、良いところや改善点を見つける。仲間とも話し合って考える。そこからさらに練習し、再度録画をして前回と比較するといった、ＰＤＣＡサイクルの授業展開を行いました。生徒からも「タブレットを使うことで自分に欠けているところがわかり、役に立った」「自分の技術向上について考える良い機会になった」と、おおむね好意的な感想をもらえました。

この時、よせばいいのに久しぶりに試技を行った私は、軽い肉離れを起こしてしまいました。翌日の職員会議でその話をすると、どっと笑いが起きました。それをきっかけに「校長にも自分たちがタブレット活用の授業で苦労する気持ちをわかってもらえたかな」と感じてくれた教師もいたようです。直接的な指導ではないですが、こういった失敗を笑い話として分かち合えたことで、ＩＣＴ推進に限らず、**ともに何かを進めていく仲間としての絆が深まった**のでは、と感じています。

『4「タブレットを使いたくなる」環境をつくる』

●コロナ禍がタブレット活用を後押し

さて、それから時が進み2020（令和2）年以降、**全国的なタブレット活用のバックボーンは言うまでもなく「新型コロナウイルス感染症」となりました。**その証拠に、当初、2023（令和5）年度をメドに進められる予定だったGIGAスクール構想の実現目標が3年前倒しとなり、2021（令和3）年度からは全国の児童・生徒に一人一台のタブレットが配備されたわけです。新型コロナウイルス感染拡大の影響が、どこの小中学校でもバックボーンとなったことは間違いありません。

しかし、2020（令和2）年2月の感染拡大第一波以降、多くの学校は臨時休校にはならず対面授業が行われており、従来型の黒板とチョークの授業が主流のようです。**「新型コロナウイルス感染症」をバックボーンとするだけでは、タブレット活用が進まないという実態も明らかになりました。**

つまり**非常時のタブレット活用だけでなく、平時にタブレットを活用するためのバックボーンをとらえて、教師のモチベーションを高めていくことが必要**になるわけです。

●声かけ、外部要員の手配で教師のモチベーションを高める

私が「渋谷ブランド」をバックボーンに、平時のタブレット活用のモチベーションを高めるべく、行っていた声かけを紹介します。

「タブレットは、簡単でやさしくて気楽に使えますよ」
「先生たちの負担軽減にもなりますよ」
「生徒が喜ぶ授業づくりができますよ」

この3つです。
どれも平時の校務や授業で、いかにタブレットが役立つかを伝えるものです。
また、パソコンが苦手な先生、意欲はあるけれども方法がわからない先生がモチベ

ーションを高められるようにと、ICT支援員の勤務時間を多くすることを教育委員会に頼みました。上原中学校がタブレット活用推進モデル校としてスタートした際にもICT支援員の勤務日を週3日から5日に増やしてもらい、それが功を奏した経験があったことからの依頼でした。ですが、この時は残念ながら希望はかないませんでした。それでも限られた時間の中で、上原中学校担当のICT支援員さんはタブレットの操作や活用の方法について精一杯の支援をしてくださり、教員たちの支えになりました。

教育委員会に専門性の高い大学の先生方から指導を受けられるようにお願いしたのも、教師のタブレット活用に弾みがつくと考えたからです。

さらに渋谷区には、学校管理職への助言、教員への研修や指導・助言等を行う5人の教育指導員がいます。教育指導員は、都内公立小学校、または中学校の校長の経験が3年以上の、学校経営に顕著な成果をあげて退職された先生方です。私は「教授」と呼んでいました。教授たちにも学校に足を運んでいただき、教師にタブレット活用の働きかけを行ってもらいました。

この経験があったので、私が後に教育長になってからも、教授の先生方には各学校を訪問して、校長や教員への助言をしていただくようお願いしました。

教授の先生方も一緒になって「渋谷区のタブレット活用の山を動かした」と、私は思っています。

タブレット活用を推進するには、活用のビジョンやバックボーンが必要です。しかしそれだけでは人は動きません。日々のモチベーションを高める教師への声かけや支援策が重要であることは言うまでもありません。**うまくいくこともあれば、そうではないこともあります。ですが、思いつくものがあれば、どんどん実行できるよう動いていくことが大切**だと思います。

●校長は「カーナビ」であれ！

全教師に向けて、取り組みの道筋を示して、今はどこに位置しているのか、そしてこれからどこに向かっていくのかを伝えることもモチベーション維持には大切です。

教師の多くは日々の学校生活に追われているため、うっかりするとタブレット活用への取り組みがやらねばならないことの中に埋没しかねません。**学校をあげての取り組み**

が今どこに位置しているのか、どこに研究が向かっているのかを見失わないように、教師全員に取り組みの道筋を示した上で、進んでいってもらうことが必要になってきます。校長はまさに「カーナビ」のように現在地と目的地を示し続けることが重要なのです。

当時の上原中学校であれば、取り組みのゴールは「未来の学校」の創造であり、上原中学校に限らず渋谷区のスタンダードをつくっていくこと。そこに向かっていくための**取り組みの道筋を示した「研究構想図」（P34参照）を作成・提**

＜校長通信　第４２号＞　平成２８年１１月２８日

上原の前に上原なく、上原の後に上原なし！

渋谷区立上原中学校　統括校長　豊岡　弘敏

＜電子黒板とタブレットＰＣ＞～モデル導入での成果と課題～

いよいよ１２月より、区教委からの御指導をいただき、＜電子黒板とタブレットＰＣ＞を活用した取組が本格的にスタートします。（今、セッティング中ですが・・・）。

すでに「やってみよう！」という教科もあり、うれしい限りです。とにかく挑戦ですね。良い悪いは使ってみなければわかりませんし、時代は確実に動いており変わっていきます。

「黒板とチョーク」の授業の良さも捨てがたい。しかし＜電子黒板とタブレットＰＣ＞が授業の主流になるのは間違いありません。

未来の担い手である生徒のために、我々は遅れをとってはいけないと思いますね。

ところで、某区で先進的に＜電子黒板とタブレットＰＣ＞の授業に取り組んでいる学校の研究成果を入手しました。

示しますので御覧ください。成果と課題はとても参考になると思います。

１　成果

導入後六ヶ月と短期間ではあるがモデル実践校での取組を検証し、各種アンケート等により見えてきた成果は以下の４点です。

（１）生徒の学習意欲等が高まった

授業への活用で、学習に対する意欲が高まった。授業に集中できなかった子供たちが、学習に向かうようになった。

（２）教員が授業に対する意識を高め、授業の本質を考えるようになった

タブレットＰ　Ｃ　の効果的な活用を考えることによって、本来の教科学習のねらいを明確にするなど、生徒が理解しやすい授業を組み立てる意識が高まった。

（３）授業の質（内容）が向上した

生徒の発想を大切にした授業が展開できるようになった。教科間の連携が進んだ。（技術科で学んだ表計算ソフトを理科で活用するなど）短時間で効果的な学習活動ができた。（理科での実験結果が表計算ソフトで瞬時に表示されるなど）。

（４）教員間の連携、コミュニケーションが進んだ

効果的な活用について、教職員の積極的な話し合いがもたれるようになった。教員間の情報交換が常に行われ、職員室に活気が生まれた。

※裏に続く！

1

＜２９校長通信　第５号＞　平成２９年４月１７日

７０の先にある未来を見据えた上原を創る！

渋谷区立上原中学校　統括校長　豊岡　弘敏

＜タブレットを使おう！＞～効果と課題～

まず、紙の話です。

いつかはそうなるにしても、今は、学校から紙がなくなることはないでしょう。

しかし近い将来、紙がなくなるかも知れません。そんな時代が来る・・・。

私と違って、今の生徒は物心ついたときからデジタルに親しんできています。デジタルに対しての苦手意識は生徒にはなく、問題は教師の方かも知れませんね。

学校は紙とデジタルが融合した新たな授業風景や学級経営を生み、次期学習指導要領の実施と合わせて、授業研究や指導計画の充実や見直しを進めるように、国は求めています。私が声高に言うまでもなく、ＩＣＴ教育の推進は当たり前の話になっています。

昨年、上原中はタブレットを試験的に導入し、ほとんどの授業で実践してきました。教員一人一人にもタブレットが渡されて、授業はもちろんのこと、校務にも利用してきました。渋谷区は９月に全小中学校にタブレットは配られますが、先んじて上原中はタブレットを使うことができて幸運でしたね。

その機運や実践を止めてはいけません。

タブレットの活用は継続し、更に充実させていくことが上原中の使命です。

皆さん、教師自身がタブレットの「普段使い」を行っていきましょう。校務の軽減に結びつきます。そして、授業にタブレットを活用しましょう。授業が変わります。

要するに、授業改善に結びつきます。

授業でタブレットを活用すると、どのような効果があるか・・・次をお読みください。

１　タブレットを活用した授業の効果

（１）生徒の学習意欲等が高まる

授業への活用で、学習に対する意欲が高まる。授業に集中できなかった生徒が、学習に向かうようになる。

（２）教員が授業に対する意識を高め、授業の本質を考えるようになる

タブレットの効果的な活用を考えることによって、本来の教科学習のねらいを明確にするなど、生徒が理解しやすい授業を組み立てる意識が高まる。

（３）授業の質（内容）が向上する

生徒の発想を大切にした授業が展開できるようになる。教科間の連携も進む。

（４）教員間の連携、コミュニケーションが進む

効果的な活用について、教職員の積極的な話し合いがもたれるようになる。教員間の情報交換が常に行われ、職員室に活気が生まれる。

1

「校長通信」の一部。

示し、これに則って学年、学級、教科ごとの進捗管理を行うとともに、指導助言をしました。具体的には、毎朝の職員打ち合わせや職員会議、毎週発行していた「校長通信」（P47参照）、週案簿の確認や教員面談、授業観察後のアドバイスの機会など、タイミングを見て伝えるようにしたのです。

●副校長・ICT推進担当との連携が学校を動かす

取り組みの道筋を明確にするためには副校長やICT推進担当教員の力も借り、常にすべての教員に向けて提示することを指示していました。

タブレットが導入された2016（平成28）年度に私とタッグを組んでくれた大坂崇副校長は、教員の人材育成のために週に数回「副校長だより」を発行しており、そこでもICT教育の推進、タブレットを活用した授業改善等についてアドバイスしてくれていました。職員室でもタブレット活用について積極的に話題にするなど、学校全体でタブレット活用の機運を盛り上げてくれた立役者と言えるでしょう。

職員室で教師たちと密接にかかわっている時間は、校長室にデスクがある校長よりも、職員室にデスクがある副校長が圧倒的に長いのです。そのため、**学校の雰囲気は校長よりも副校長によって決まるところも大きい**といえます。上原中学校の場合は、私自身もなるべく職員室にいて、教師たちと話すようにしていましたが、たいへん優秀で労を惜しまない大坂副校長がタブレット活用の雰囲気をつくってくれました。

また、ＩＣＴ推進担当の関先生には、２０１６（平成28）年度には学年主任、２０１７（平成29）年度には学校運営の要でもある教務主任も兼務してもらいました。人柄も良く教職員から慕われていたため、「この先生が言うなら、自分たちもタブレットを活用してみよう」と良い影響を与えてくれたのです。もちろん関先生自身も積極的にタブレットを使う実践家でした。

このように、**タブレット活用を前向きにとらえ、教職員を盛り上げてくれる副校長やICT推進担当の存在は「学校デジタル化」成功に欠かせません。まさに「教育は人なり」です。**

私も統括校長として、副校長や教務主任、ＩＣＴ推進担当教員とより良い連携が図れるよう常日頃から心がけていました。まず、タブレット活用の要となる2人には**「今の学校ではなく、未来を見てほしい」**と重ねて伝えていました。統括校長、副校長、教務主任、ICT推進担当で毎朝8時前から朝ミーティングを実施し、その日の学校運営の確認や対応指示などを確認していましたが、その中でも特に**タブレット活用については、活用状況の報告や把握、今後の推進の方向性や取り組みについて共有**するようにしていました。

●副校長を「つぶす」校長にはトップの器量がない!

副校長は、校長にとっての「相棒」だと私は考えています。まれに副校長を見下し、しくじったり、考えが合わなかったりするとつぶしてしまうケースがありますが、絶対にあってはならないことです。トップとしての器量がないとしか言いようがありません。私は何かをするときは常に「私はこう考えますが、副校長先生はどうですか?」と尋ねてきました。すると、副校長も自分の考えを話してくれます。最終的に意思決定をするのは校長の仕事ですが、副校長とともに考えることで、その都度最適な判断ができたと感じています。

労をねぎらい、感謝を絶やさず、私が仕事で残っているときも、副校長は帰れるようなら早く帰宅してもらっていました。一方で、副校長としての課題や改善点に気づいたときには、しっかりと伝えることで、お互いに腹にためず思いを伝えあう良い関係が構築できていたように思います。

第二章　「ダメな学校」はない。「ダメな先生」もいない

『1 教師からは反発、区民からはクレーム』

●渋谷区全26校の旗振り役に

2018(平成30)年度、私は渋谷区教育委員会の教育長を務めることになりました。渋谷区の全小中学校に児童・生徒一人一台タブレットが配備されて約半年間、上原中学校では研究・事業も走り出し、教師たちにもタブレット活用が「自分ごと」として定着してきたところでした。これから先をどう進めていこうかという矢先、まさか自分が教育長になるとは思っておらず、まったく予想外の人事でした。

今度は上原中学校だけでなく、渋谷区26校、児童約6300人・生徒約1700人、教員約530人(小学校約380人・中学校約150人)の「学校デジタル化」をリードしていく立場となったのです。これまでも東京都各地の教育委員会で教育行政にかかわってきましたので、今度は教育長という立場から教育の充実に務めていこうと心を決めました。

教育長としても、私が最初に行ったのは教育委員会としてのビジョン作成です。これを各小中学校と共有することが、改革を進めていくには欠かせません。**上原中学校時代と同じく『未来の学校』をつくる」を教育長としても宣言しました。**

一方で工夫したのは、「未来の学校」という定義を上原中学校で構想していたよりも、もっとシンプルに示すことです。なぜなら、校長時代よりも、圧倒的に多数の教師や保護者、地域の方、そして子どもたちに伝える必要があるためです。そう考え、「未来の学校」を、**「子どもたちが未来をより良く生きるための力を身に付けることのできる学校」**としました。

●「いきなりタブレット」に教師から猛反発

統括校長時代と変わらぬ熱意をもってあたった区内小中学校のタブレット活用ですが、なかなか思ったようには進みませんでした。案の定、それぞれの学校では、いきなりタブレットを渡されて困惑していた教師が大多数だったのです。

区内のある授業研究会で、「タブレットを活用した授業を積極的に行いましょう」という私の呼びかけに、「なぜわざわざタブレットを授業で使わなければならないのかわからない！」と怒ったように反応したある学校の先生の言葉が印象に残っています。タブレットを使わなくても良い授業はできるし、やってきたという自負が、その先生にはあったのでしょう。タブレット活用を勧められることで、これまでやってきた授業を否定されたと感じたのかもしれません。

その場だけではありますが、タブレットを使うことが、教師自身にも、子どもたちにも良い面があることを丁寧に説明したものの、納得いただけた感触は最後までありませんでした。

今振り返ると、**「なぜタブレットなのか？」と懐疑的な教師に対しては、学校として明確なビジョンや構想を提示して導き、合意形成に努めることが何より重要**だったのでしょう。現在であれば、ＧＩＧＡスクール構想もあり、社会全体に当時よりもデジタル化の機運が高まっているので、その空気を追い風に変えることができれば、良い流れをつくっていけると思います。

●「デジタル格差」の広がりに区民からクレームが届く

教育長に就任した初年度は、私も各学校の状況を把握することに精一杯でした。「授業で活用する方法がわからない！」「タブレットをセッティングするだけで授業が終わってしまった」「通信環境が不十分」「タブレット活用よりも、情報モラル教育が先では？」など、次々にあがってくる現場からの声に対しては、一つひとつ丁寧に対応していきました。ですが、区をあげてタブレット活用の機運を盛り上げていける方策を立ち上げるところまでは、手が回っていませんでした。

その結果、学校や学級によって活用度の差が広がっていってしまったのです。パソコンに強い教師、ＩＣＴ教育に知見のある教師がいる学校では、タブレット活用が進んでいきましたが、新しい取り組みへの抵抗や反発、経験不足からくるタブレットの使い勝手の悪さを感じている学校・教師はまったく活用してくれません。

教育委員会が学校や教師を信じて「やってくれる」と思っているだけでは、動かないこともあるのが現実です。

ついには、保護者や区民から「隣の学校では活用されているのに、私の子どもが通う学校では活用が進んでいない」「小学校ではよく使っていたのに、中学校に進学したら使わなくなった」「税金の無駄遣いではないか！」と、渋谷区ホームページの「区長への手紙」を通じてお叱りの言葉が届いてしまいました。

2　ピンチをチャンスに変える！

●「教育長だより」で示した不退転の決意

保護者や区民からクレームが届いた際、私は深く反省し、とても悔しく思うと同時に、「このピンチはチャンスに変えられる」と感じました。なぜなら、**クレームを入れてくるということは保護者や区民が、学校教育に期待しているということの裏返し**だからです。この期待を学校現場に伝えれば、きっとＩＣＴの活用は前進する。いや、前進させなければいけない。そのためにも、教育委員会がタブレット活用の旗を大きく振る必要がある。私は活用を進めるための方策を考え、次々に打ち出していきました。

まず行ったのは、**教育委員会がどれほどまでに強い決意でタブレット活用に向かっているのか、渋谷区立全小中学校の校長・副校長に教育長としての決意を伝えること**です。月に2〜3回発行している「教育長だより」で実際に伝えた内容をこちらにも記しておきます。読んでいただくと、かなり「トップダウン」的な印象を受けると思います。繰り返しますが、私は決して「カリスマ教育者」ではありません。しかし、**物事を急激に進展させる際には、時には、カリスマのごとく、強い言葉で人の注意を惹き付けることも必要**だと信じて、次のような文章を配布したのです。

「不退転の決意」〜ICT教育の推進！ タブレット活用〜

今、IT抜きには成り立たない時代であり「ITは社会を変え、教育を変えていく」という言葉は「現実」です。私たちは、子どもたちは、そういう社会に生きています。

ですから、渋谷区の子どもたちの未来のために、タブレット機器を本格的に活用し、ＩＣＴ教育を推進することは、時宜にかなったことなのです。

学校や教師は努力していただいていますが、さらに活用を進める必要があります。


そこで今後、教育委員会といたしましては、さまざまな取り組みを実行します。

年度当初、いただいた経営方針に「ＩＣＴ教育の推進」について、すべての学校で示されています。経営方針に位置付けることで、教師は、明確に、意識して取り組みます。

「ＩＣＴ教育の推進」タブレット活用を経営方針に記述する、校長が教師に向けて宣言することは、活用を進める上で有効な方法です。


今まさに、再度、宣言してください。

ところで経営方針に示された、教師の「ＩＣＴ教育の推進」タブレット活用状況は、確認し把握されていますか。充分な活用を行っていない教師への指導はできていますか。

常に、実態を把握し、ご指導をお願いします。

もし教師の中に、ＩＣＴに抵抗があり、タブレットを扱わない教師がいたとしたら、その教師には根気強く、「ＩＣＴ教育の推進」の重要性を説いてください。機器の扱いについても不慣れな教師には、研修を働きかけ、スキルを身に付けるように指導ください。

重要なポイントは、渋谷区は「ICT教育の推進」を進めている、ということです。渋谷区は、タブレット端末を全児童・全生徒、全教師へ配付しました。地域や保護者は、それを知っています。地域や保護者は、学校におけるタブレット活用に期待しています。渋谷区のすべての学校は、「ICT教育の推進」に取り組む学校です。渋谷区の教師である以上、好むと好まざるとにかかわらず、「ICT教育の推進」は渋谷区の教師としてやるべきことです。それが、渋谷区の子どもたちの未来をつくることなのです。ある学校では使っている、ある学校では「ある」のに使っていない、使わせていない。ある先生は使っている、ある先生は「ある」のに使っていない、使わせていない。

それでは、当然、渋谷区の保護者は「なぜ?」と思うでしょう。地域の方にしても「使ってほしい」「使わせてほしい」と言うでしょう。それが「親心」であり「地域の声」です。渋谷区の児童・生徒にタブレットを活用した授業・学習を行う、充実させる、というのは、保護者・地域、渋谷区の思いであり、教育長（教育委員会）としての意志です。渋谷区に務めている先生方においては、渋谷区の教師であることを「やりがい」として、しっかりと「ＩＣＴ教育の推進」タブレット活用に取り組み、進めてください。渋谷区の教師は、東京都の、全国の最先端を走る、走ることができる、トップランナー。管理職の皆さんは、トップランナーである教師のコースをしっかり引いてください。「不退転の決意」で臨んでください。教育委員会も一丸となって、取り組みます。

＜教育長室から　第１６号＞　　　　　　平成３０年１１月７日

渋谷区の教育の充実、発展！　未来を創造する力の育成！

＜不退転の決意＞～ＩＣＴ教育の推進！タブレット活用～

今、IT抜きには成り立たない時代であり「ITは社会を変え、教育を変えていく」という言葉は＜現実＞です。私たちは、子供たちは、そういう社会に生きています。

ですから、渋谷区の子供たちの未来のために、タブレット機器を本格的に活用し、ＩＣＴ教育を推進することは、時宜にかなったことなのです。

学校や教員は努力していただいていますが、さらに活用を進める必要があります。

そこで今後、教育委員会といたしましては、様々な取組を実行します。

年度当初、いただいた経営方針に「ＩＣＴ教育の推進」について、すべての学校で示されています。経営方針に位置付けることで、教員は、明確に、意識して取り組みます。「ＩＣＴ教育の推進」タブレット活用を経営方針に記述する、校長が教員に向けて宣言することは、活用を進める上で有効な方法です。

今まさに、再度、宣言してください。

ところで経営方針に示された、教員の「ＩＣＴ教育の推進」タブレット活用状況は、確認し把握されていますか。充分な活用を行っていない教員への指導はできていますか。

常に、実態を把握し、ご指導をお願いします。

もし教員の中に、ＩＣＴに抵抗があり、タブレットを扱わない教員がいたとしたら、その教員には根気強く、「ＩＣＴ教育の推進」の重要性を説いてください。機器の扱いについても不慣れな教員には、研修を働きかけ、スキルを身に付けるように指導ください。

重要なポイントは、渋谷区は「ＩＣＴ教育の推進」を進めている、ということです。

渋谷区は、タブレット端末を全児童・全生徒、全教員へ配付しました。地域や保護者は、それを知っています。地域や保護者は、学校におけるタブレット活用に期待しています。

渋谷区のすべての学校は、「ＩＣＴ教育の推進」に取り組む学校です。渋谷区の教員である以上、好むと好まざるとにかかわらず、「ＩＣＴ教育の推進」は渋谷区の教員としてやるべきことです。それが、渋谷区の子供たちの未来を創ることなのです。

ある学校では使っている、ある学校では「ある」のに使っていない、使わせていない。

ある先生は使っている、ある先生は「ある」のに使っていない、使わせていない。

それでは、当然、渋谷区の保護者は「なぜ？」と思うでしょう。地域の方にしても「使ってほしい」「使わせてほしい」と言うでしょう。それが＜親心＞であり＜地域の声＞です。

渋谷区の児童・生徒にタブレットを活用した授業・学習を行う、充実させる、というのは、保護者・地域、渋谷区の思いであり、教育長（教育委員会）としての意志です。

渋谷区に務めている先生方においては、渋谷区の教員であることを「やりがい」として、しっかりと「ＩＣＴ教育の推進」タブレット活用に取り組み、進めてください。

渋谷区の教員は、東京都の、全国の最先端を走る、走ることができる、トップランナー。

管理職の皆さんは、トップランナーである教員のコースをしっかり引いてください。

＜不退転の決意＞で臨んでください。教育委員会も一丸となって、取り組みます。

教育長だより<教育長室から第16号>

●校長も一緒にタブレット活用の旗を振る！

タブレット活用の旗を振るのは、教育長や教育委員会だけでは足りません。実際に活用してくれる**教師一人ひとりを巻き込むには、学校のリーダーである校長が声を大にして推進を行っていくことが不可欠**であるのは、何度もお伝えしてきたとおりです。

そこで私は「教育長だより」で伝えた内容を、渋谷区各小中学校の校長が集まる校長会の役員会や定例校長会でも話しました。教育委員会と一緒にタブレット活用の旗を振っていくことを、たびたび呼びかけたのです。その結果、多くの校長先生は職員会議や朝の職員打ち合わせで「本校はタブレット活用を行っていきます！」と宣言をしてくれたり、ＩＣＴ推進研究担当を中心としてタブレット活用推進チームを立ち上げたり、積極的な取り組みを見せてくれました。

また、**副校長への声かけも忘れてはいけません。**副校長は校長以上に現場の教師に近い位置にいます。「職員室の担任」と呼ばれることもあるほどです。教師に対する具体的な働きかけでは、校長以上に重要な責任を負っています。

月に一度の定例副校長会は、通常指導課長や統括指導主事に任せることが多いのですが、私は自ら出席をして、日頃の副校長の労をねぎらうとともに、教師へタブレット活用を働きかけてもらうよう直接何度も伝えました。

3　タブレット活用のための４つの秘策

❶授業スタイルを示す
——10分、15分から使う「スモールステップ」を導入

声かけだけでは問題は解決しません。ここからは教育委員会がタブレット活用を推進するために取り組んだ具体的な方策をご紹介します。

まず取り組んだのは教育指導課による**タブレット活用資料の作成です。タブレットを**

活用する時に授業前に考えること、そして授業後に振り返ること、そしてICTの活用方法、活用場面を例示しました。さらに、**校外学習や宿泊行事、家庭学習でのタブレットの活用についても一単位時間の授業スタイルの例を示しました。**

最も強調したのは、**「小学校は一単位時間で10分、中学校は15分をタブレット端末使用の目安としましょう！」**というメッセージです。

このメッセージは活用に消極的だった教師にとって、かなりインパクトがあったようで、「どうやって使ったら良いのかわからない」「機械が苦手なので使いたくない」「今までの授業方法を変えたくない」と思っていたのが、「一単位で10分、15分程度使えれば良いのか！」と、気持ちが楽になったという声を多数聞きました。

この資料には、文部科学省のリーフレットにも取り入れられた「発達段階に応じたICTを適切に活用する能力（次ページ参照）」も掲載しました。これは上原中学校と同じようにタブレット活用のモデル校であった「平成29年度代々木山谷小学校」「平成30年度広尾小学校」のそれぞれの研究発表会資料から作成したものです。

～発達段階に応じたICTを適切に活用する能力（例）～

No	操　作	1年	2年	3年	4年	5年	6年	中学校
A: 基本操作編								
1	電源を入れたり、切ったりする	○	・	・	・	・	・	・
2	顔認証でシステムを立ち上げる	○	・	・	・	・	・	・
3	マウスでクリックやダブルクリックをする	○	・	・	・	・	・	・
4	マウスでドラッグ＆ドロップやコピー＆ペーストをする		○	・	・	・	・	・
5	タッチパッドが使える	○	・	・	・	・	・	・
B: 文字入力編								
1	キーボードからアルファベットや数字を入力することができる	○	・	・	・	・	・	・
2	キーボードからひらがなで簡単な単語を入力することができる		○	・	・	・	・	・
3	タッチペン入力ができる		○	・	・	・	・	・
4	ローマ字で入力ができる				○	・	・	・
C: フォルダ管理編								
1	名前を付けて保存することができる				○	・	・	・
2	「先生からもらう」からダウンロードすることができる	○	・	・	・	・	・	・
3	「先生にわたす」等にアップロードすることができる		○	・	・	・	・	・
4	マイドキュメントにフォルダを作成することができる				○	・	・	・
D:カメラ機能編(写真・動画)								
1	写真を撮影することができる	○	・	・	・	・	・	・
2	撮影した写真を拡大や縮小、トリミングをすることができる		○	・	・	・	・	・
3	動画を撮影することができる		○	・	・	・	・	・
4	撮影した動画を視聴することができる				○	・	・	・
E:インターネット検索編								
1	インターネットに接続し、閲覧することができる				○	・	・	・
2	キーワードで検索をすることができる				○	・	・	・
3	「お気に入り」に登録したり、削除したりすることができる			○	・	・	・	・
F:アプリケーションソフト(Word【W】・Excel【E】・PowerPoint【P】)編								
1	【W】文字の大きさや色などをカスタマイズすることができる			○	・	・	・	・
2	【W】余白や文字(行)数、方向などのレイアウトができる			○	・	・	・	・
3	【W】図や写真、グラフなどを挿入することができる					○	・	・
4	【E】表からグラフを作成することができる					○	・	・
5	【E】基本的な関数(合計・平均など)を使用することができる					○	・	・
6	【P】プレゼンテーションを作成することができる				○	・	・	・
7	【P】プレゼンテーションに画像や動画を取り込むことができる					○	・	・
8	【P】プレゼンテーションにアニメーションを取り込むことができる					○	・	・
G:コラボノート編								
1	ノートに貼るふせんの色を使って意見交換することができる	○	・	・	・	・	・	・
2	テンプレートを使用して写真等を入れた作品・記録ノートを作成することができる		○	・	・	・	・	・
3	「寄せ書き」を使用して意見交換をすることができる			○	・	・	・	・
4	考えを記入したふせんを使用して意見交換をすることができる				○	・	・	・
5	テンプレートを使用して新聞を作成することができる				○	・	・	・
6	複数のノートを活用してプレゼンテーションができる				○	・	・	・
H:プログラミング編								
1	手順等を考えた、簡単な命令を使ったプログラムができる	○	・	・	・	・	・	・
2	単純な繰り返しや既定の条件等を使ったプログラムができる			○	・	・	・	・
3	複数の繰り返しや既定の条件分岐を使ったプログラムができる				○	・	・	・
4	真偽値を使用し、自ら考えた条件分岐を使ったプログラムができる					○	・	・
I:その他								
1	デイジーピクチャーキッズを使用してお絵かきができる	○	・	・	・	・	・	・
2	情報モラルを守ってタブレットを使用することができる	○	・	・	・	・	・	・

(参考資料:「平成29年度　代々木山谷小学校」「平成30年度　広尾小学校」研究発表会　資料より)

この資料は、２０１８（平成30）年11月に「ＳＨＩＢＵＹＡの授業スタイル～ＩＣＴの効果的な活用を目指して～」というタイトルで発行して以降、２０１９（令和元）年5月には「さらなるＩＣＴ・タブレット端末の効果的な活用を目指して～一人一事例の作成状況を通して～」。２０２０（令和2）年6月には3作目の「ＩＣＴ・タブレット端末の効果的な活用に向けて～双方型のオンライン学習、学習動画等を通して～」と、少しずつ内容をバージョンアップして発行しました。いずれも小中学校で活用されました。

❷「一人一事例」の作成
――「ボトムアップ」のアイデアを共有する

タブレット活用を浸透させる方策として、教師発のアイデアも募集をしました。まず、**区内の教師に、タブレット端末等を活用した授業実践を「一人一事例」として提出してもらいました。**提出してもらった内容は、とりまとめた後に、渋谷区の教職員専用のポータルサイトに保存しました。

この**「一人一事例」は、すべて同じ渋谷区に在籍する教師が実践、構想した授業であ**

り、先行事例が少ない中においては、貴重な教育情報の一つでした。「ほかの先生はどんなふうに授業をしているのか？」がわかることから、ＩＣＴを活用した授業実践を行う場合の参考に、また校内研究の資料として、活発に利活用してもらいました。

通常、素晴らしいアイデアを実践している先生がいても、多くは学校内、下手をするとその学年・教科内でしか共有されません。学校は、誤解を恐れずに言えば「縦社会」の気風が強く、なかなか「ボトムアップ」されない現状もあります。それを**トップダウンですくい上げ、区内全校で共有**したのです。

小学校の「一人一事例」ではカメラ機能を活用した事例が最も多く見られました。カメラ機能は低学年でも使いやすい機能のようです。中学年以降は、交流・協働学習を支援するグループウェア「コラボノート」や指導者用デジタル教科書、「パワーポイント」を活用した事例も多く見られました。

中学校においては、デジタル教科書を活用した事例が最も多く、ほかに目立ったのは「パワーポイント」、カメラ機能、「コラボノート」を活用した事例でした。保健体育では、私が上原中学校で行ったマット運動の授業がそうであったように、カメラ機能を活用した事例が多く、ハードル走を動画撮影して個人やペアでフォームを確認するなど、動画での活用例が多数紹介されていました。

ほかにも教師から募集したものとして、タブレット活用にまつわる標語があります。タブレット活用の意欲醸成を行うためには、環境や雰囲気をつくることが必要です。**教育委員会から与えられたもの（トップダウン）ではなく、教師自らが考えた標語を職員室のドアや壁に掲示することで、「タブレットを活用するのは当たり前」という環境や雰囲気を高めてもらえたらというねらいでした。**

結果、各学校からユニークな「標語」が生まれました。印象に残っている標語の一部をご紹介します（私が考えた標語も含まれています）。

「まずは、カメラ機能から」

「タブレット50分間も使わなくてもいいんだよ！」

「未来のある子どもに、タブレット学習を！」

「えっ！　まだタブレット使ってないの？」

「NO TABLET NO LESSON」

❸ 指導計画へのタブレット活用をスタンプで明記
――バカにできない「アナログ」での働きかけ

タブレットを活用する環境、雰囲気づくりの一環として、教師にとっても管理職にとっても重要な**「週ごとの指導計画（以下、週案簿）」**に**「タブレット活用」**を**明記**してもらうようにお願いしました。

当時はまだデジタルでの週案簿作成を行っていたのは数校のみで、紙媒体で週案簿作成をしていた学校が大多数でした。手書きで明記をするほか、**学校ごとに「タブレット活用」というスタンプをつくってもらうことを教務主任会などで各学校に伝え、徹底を図りました。**

「授業は、週案簿に始まり、週案簿に終わる」。

週案簿は、教師にとって命のようなものです。ここに次週の授業でタブレットを使うことが明記されることで、校長や副校長がタブレット活用状況を把握して、記載がない場合は「タブレットを使ってください」と働きかけることが可能に。また、教師も計画的・意図的にタブレット活用の授業が実施でき、授業後には振り返りを書くことで、次への活用につなげていく流れができます。この方策はとても有効でした。

ほかにも教師にタブレット活用の意欲を高めてもらうような取り組みとして、渋谷区の小学校教育研究会、中学校教育研究会への働きかけを行いました。**教育委員会から両研究会に対して、年間の研究主題に「タブレット活用」の視点を置くことをお願いした**のです。各教科・領域ごとの部会でも、数学であれば「ICT機器を活用した数学の授業」、音楽であれば「タブレットを活用した音楽授業の実践」などの研究主題を設定して取り組んでいただきました。

また、小学校教育研究会では、2018(平成30)年度から新たに「ICT教育推進部会」という研究部会を立ち上げていただき、「ICT機器の効果的な活用を目指して」という研究主題に取り組み、研究の成果を広めてくれました。このような動きも全校に対するタブレット活用の機運醸成につながりました。

❹ 表彰制度で教師のモチベーションアップ
――仕事の成果の「輪郭」を描き出す

タブレット活用の機運を醸成して外堀を埋めていくだけでなく、教師自身のモチベーションもアップしてもらい、内側からの変革も進めていくことが必要です。

そのための方策として、これまで渋谷区にはなかった「教師表彰制度」をつくりました。教師の仕事は、民間企業とちがって、すぐに「成果」があらわれるわけではありません。時には、何十年もたった後に教え子から「先生に言われた意味がようやくわかった」と言われることもあるほどです。だからこそ、おもしろく、やりがいもあるのですが、**一方で、教師の素晴らしい実績を認め評価し、やる気を引き出す仕組みづくりも必要**だと考えたのです。

表彰の対象は、ＩＣＴ活用に関する取り組みだけでなく、より良い授業の構築に向けた取り組み、人材育成に関する取り組み、特別支援教育の充実に関する取り組みなど、学校教育の多岐に渡っています。特に「ＩＣＴ活用に関する取り組み」については、**タ**

ブレット活用を積極的に推進し、ほかの教師の参考になる取り組みや工夫を行い、教師および教育の質の向上に尽力した教師を表彰しました。

初年度である2018（平成30）年度には中学校から1名、小学校から3名の教師を「ICTの活用」で表彰しました。中学校の教師は、タブレット導入当初からICT活用に積極的な先生でした。教務主任として校務支援システム活用を広め、会議のペーパーレス化や学校評価のタブレット配信等にも取り組み、区内全校に向けてのタブレット活用推進にかかわる研修で企画・運営にも携わってくれたのです。この教師は次年度には東京都教育委員会職員表彰も受けることになりました。

その後も、毎年「ICTの活用」に貢献してくれた小学校・中学校教師を表彰しています。

4 「見える化」で保護者・地域が納得

●教育委員会だよりに全校の活用状況を掲載

先に延べたように、これだけの方策を次々に打ち出すことになった背景には、区民や保護者から「学校でタブレットが活用されているのか？」という声があったからです。だからこそ**「学校ではこれだけ活用が進んでいます」という状況や実態を伝えることが、説明責任を果たす**ことになるでしょう。

教育委員会は「しぶやの教育」というおたよりを年3回発行しています。これは保護者に向けて配布するとともに、渋谷区教育委員会のホームページからも閲覧することができます。この**「しぶやの教育」を通じて、タブレット活用について小中学校全校の状況を掲載し、区民や保護者に向けて広報しました。**

また、**学校には、教師がタブレットを活用して授業を行っている様子を、学校だよりや学年だよりを通じて保護者や地域に伝えていただくように働きかけました。**その結果、学校だよりに「タブレット活用コーナー」を設けて、定期的に知らせるような学校も出てきました。

しぶやの教育　平成31年(2019年)1月

No.117

しぶやの教育

発行 年3回 発行部数 13,000部
編集発行：渋谷区教育委員会庶務課
〒150-8010 渋谷区宇田川町1-1
電話：3463-2969（直通）

http://www.city.shibuya.tokyo.jp

校長先生の集まる会議でもタブレットが利用されています▶

渋谷区の子供たちの未来のために
〜タブレット活用の本格実施！〜

▲鉢山中学校でのスタディ・サプリを使った朝学習

◀笹塚小学校でのカメラ機能を生かした体育の授業

渋谷区教育委員会では子供たちの未来のために、昨年度、区立小・中学校に通う全児童・生徒に1人1台のタブレットを導入しました。これは23区でもトップクラスの水準です。

そして今年度はタブレット活用本格実施の年です。教育委員会としては、研究推進校など一部の学校だけがタブレットを活用しているのではなく、区立小・中学校全校、すべての子供たちにタブレットを活用して学んでほしいという考えのもと、ICT教育を推進してきました。

今、全校が動き出しています。

今回の『しぶやの教育』では、各校での取組の様子をお届けします。

2〜4面へ

もくじ

☆庁舎移転しました

1月15日(火)より、渋谷区教育委員会は新しい庁舎で業務を開始しました。庶務課・学務課・指導室は4階、生涯学習振興課・スポーツ振興課は7階です。お越しの際は公共交通機関をご利用ください。

1

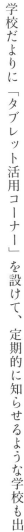

保護者会においても、校長や研修担当からタブレット活用について保護者に向けて話をしてもらうこともお願いしました。

●タブレットの活用時間を集計し、共有する

渋谷区ではすべての小中学校に保護者代表や地域の方が委員として参加する学校運営協議会を設置し、コミュニティ・スクール（学校と保護者や地域の方がともに知恵を出し合い、学校運営に意見を反映させることで、一緒に協働しながら子どもたちの豊かな成長を支え、地域とともにある学校づくりを進める仕組み）を実施しています。さらに、このコミュニティ・スクールでもタブレット活用について取り上げてもらうようにお願いしました。活用が進んでいない学校については、委員から意見をもらうなど熟議を行った結果、活性化に向けた取り組みが発展した例もありました。

そして各学校でのタブレットの活用度をはかる指標となったのが、教育委員会で集約・管理していた児童・生徒のタブレット活用ログです。学校、学年、学級ごとにタブ

レットの活用時間を集計したものを教育委員会から校長に送り、活用してもらいました。このログからタブレット活用の目標時間を設定し、それを目指してもらうように働きかけも行っていました。

タブレットの活用時間を確保することが目的ではなく、重要なのは授業や活動の質的な向上です。タブレットを活用することが教師にとっては授業力向上につながり、児童・生徒にとっては学力向上につながっていくことを目指しています。一方で、活用の時間（量）が増えることで教師の経験が積み上がり、質が向上することは間違いありません。

●「学校情報化優良校」認定は効果大

日本教育工学協会（JAET）という団体では、2014（平成26）年度より学校情報化認定という取り組みを行っています。「学校情報化診断システム」を用いて、各学校が情報化の状況を自ら評価するというものです。これを受けてJAETは、「情報化の推進体制」を整え、**「教科指導におけるICT活用」「情報教育」「校務の情報化」**に

積極的に取り組んでいる学校を「学校情報化優良校」として認定します。また、**学校情報化優良校が一定以上の割合になった地域は、「学校情報化先進地域」に認定**します。

保護者、地域に向けた「見える化」の一環として、「学校情報化優良校」の認定を受けるように、渋谷区の各学校に働きかけました。優良校の審査は、ＪＡＥＴの役員で構成される学校情報化認定委員会が定めた基準で行うので、**自校の取り組みがどれだけ進んでいるのか、客観的な評価を受ける貴重な機会**になります。

認定を受けると、学校ホームページや学校だよりに認定ロゴマークを掲載できるようになります。これもまた保護者や地域に向けてのタブレット活用の「見える化」になりますし、学校側も「自分たちは優良校に認定されるだけの取り組みを行っている！」と感じられるのです。

なお、渋谷区は２０２０（令和２）年３月に全小中学校が優良校の認定を受けることができました。そして「学校情報化先進地域」の認定を受け、教育委員会にも立派な盾をいただけたことは、大きな励みになりました。

『5 取り組みが遅い学校や教師を動かす』

●取り組みが進まない学校にも「良さ」がある

教育委員会をあげてこのような方策に取り組んだことで、すべての小中学校で「学校デジタル化」、タブレット活用の取り組みが進みました。もちろん進むスピードは学校によって異なり、進みが遅い学校もありました。ですが、**取り組みが進んでいる学校ばかりにスポットをあててしまうと、モチベーションが上がるのはその学校だけになり、さらに格差が広がってしまいます。**

私が心がけていたのは、外に向けて「学校デジタル」化の取り組みを紹介する場では、**進みが遅い学校についても必ず取り上げることです。**例えば教育委員会だより「しぶやの教育」でタブレット活用の状況を紹介するときには、全小中学校26校について写真入りで記事にしました。

取り組みが進まない学校が取り組みが進んでいる学校に対して、「あの学校だからできる」「あの先生がいるからできる」と思ってしまうことがないように、**旗振り役となるリーダーは、すべての学校、すべての教師の良いところを見つけて、それを認めていくことを忘れてはいけない**でしょう。もちろん信じて待つだけでなく、できる限りの働きかけも行いました。

その結果、少しずつ取り組みが前進する学校もあれば、校長やＩＣＴ担当の教師がリーダーシップを発揮して、ある時いきなり進む学校もあり、さまざまなケースがありました。ですが、結果的に全校が「学校情報化優良校」として認められたように、すべての学校でタブレット活用が進んでいったのです。

●遅いからダメなのではない

取り組みの進み方に速い・遅いはありましたが、根本ではどの学校も、つまりはどの校長も「タブレット活用をやってくれる」と信じていました。リーダーである教育長が信じなければ、学校も動くことはないでしょう。時には厳しく「やってください！」と言うこともありましたが、同時に**「すべてにおいて、教育長の私が責任を取ります」という覚悟をもっていました。**

一見して取り組みが進んでいない学校も何もやっていないわけではありません。校長や現場の教師たちにはそれぞれ違いがあって、その中でやっています。それに学校現場においてＩＣＴはごく一部の要素でしかありません。もしＩＣＴだけで良いなら、デジタルが得意な教師だけ集めてくれれば良いわけですが、学校は教科学習以外に学校行事もあれば、国際理解教育や人権教育など、多岐にわたる教育活動を行っていく必要があります。だから**ＩＣＴ教育が少し遅れているからといって「あの学校はダメ」「あの先生はダメ」と言うことはできません。**もしどれだけ働きかけても進まないのであれば、責任は教育委員会にあるのです。

教育の考え方はすべて同じです。体育が苦手な子は「ダメな子」ではありません。ほかの面でその子にしかない良いところがあるのだから、そこを見る必要があるし、もちろん、体育の課題ができるような働きかけ、声かけもしていかないといけないでしょう。それはＩＣＴも同様です。**そういう思いがベースにないと、教育としては成り立ってい**

かないのではないでしょうか。これが教育の本質だと思います。

●「ダメな先生はいない」と考える理由

私が「ダメな先生はいない」と考えるようになった背景には、東京都教育委員会の人事部時代の経験があります。人事部には、教師の異動などの人事、服務事故対応、人材育成、採用、管理職選考事務などの仕事がありますが、私が主に担当していたのが、東京都の教員6万人の人事異動と少なからず発生する服務事故の事後処理でした。

その結果、さまざまな教師を見てきました。教師という人間にほかの人よりも数多く出会っていると思います。**人事異動においては、「ダメな先生」と言われていた教師が、異動で地域や学校が変わることで本来の力を発揮できるようになった例が多くありました。**服務事故の場合も、懲戒免職になるような事案は別ですが、停職、減給、戒告など現場に復帰できる教師では、事故そのものは反省する必要があるものの、話を聞いていると、良い授業をする教師であることも少なくないのです。**十分に反省して現場に戻っ**

たときには、良い教師として復帰してもらえるように働きかけてきました。

「ダメな先生」と言われていたり、問題があったりする教師であっても、結局のところ**教師とは、子どもが大好きで、教えることが生きがいであって、そういう人たちの集まり**だと私は考えます。**「ダメな先生」と言われる教師にも、良いところは必ずあります。それを見つけて、導いていくのが校長であり、教育委員会の職務だ**と思います。そんな経験が、教育長としてＩＣＴ教育を推進していく上でも糧となりました。

●ＩＣＴが苦手な先生こそキーパーソンになる

第一章で、私はＩＣＴに拒否感を示す教師でも、決して否定することはなかったと述べました。**タブレット活用に抵抗を示す教師、知らんぷりをしている教師に働きかけ続けるのは、リーダーとしては骨が折れると思います。ですが、そういった教師を動かすことが、学校全体を大きく変えるきっかけになる**事例をお伝えしたいと思います。

ある学校に、ベテランの教師がいました。仮にＡ先生とします。Ａ先生は長年の教師経験から、黒板とチョークを使い、自作教材を活用した素晴らしい授業をする教師でした。ICTは苦手で、なかなかタブレットを活用した授業を行ってくれませんでした。長年、自作教材で、子どもたちをうならせてきたのですから、使う必要性を感じないのも当然のことでしょう。ところが、一度タブレットを活用した授業を始めたところ良さを実感し、教師の中で一番に活用するようになりました。

これまでに培った授業展開や方法をタブレットに置き換えていったところ、動画を使うと教室内のどの席に座っている子にも同じように教材を見せられ、共有ソフトを使うと積極的に手を挙げて発言しない子の意見もクラス内で共有できるとわかり、A先生は見事にタブレットの良さにハマったのです。タブレット操作を若い教師やICT支援員に教わり、どんどん上達していきました。もともと授業力のある教師でしたから、的を射た適切なタブレット活用を行い、自作教材とうまく組み合わせながら授業展開を行うようになりました。

そして、**それまで頑なにタブレットを拒否していたA先生が素晴らしいタブレット活用授業を行うようになったことが刺激となり、さほどタブレットに積極的でなかったほかの教師たちも、タブレット活用の授業を積極的に行うようになったのです。**A先生がタブレット活用の校内リーダーの役割も果たしたということですね。

●校長は、「気づかせ屋」であれ

忘れてはならないのは、**ずっと抵抗を示していたA先生がタブレットを使ったのは、根気強く、温かく声をかけ続けてきた校長の対応があったからでした。**これも、実にうれしいことでした。正直、なかなかタブレット活用を行わない教師に対して、命令で強制的にタブレットを使わせることは、そう難しいことではありません。しかし、おそらく、使うのは命令されたその場だけで、長い目で見れば、そうした働きかけには効果がありません。**命令よりも指導や助言、アドバイスで動いてもらったほうが良い結果を導く**と感じます。

法律的にも、校長は、教員に命令・指示ができます。それは、学校教育法37条4項に「校長は、校務をつかさどり、所属職員を監督する」とあり、校長の職務として校務掌理権をもっているからです。「校務」とは、学校教育・教職員・学校施設・学校事務（4管理）

のことで、「つかさどり」とは、行政法上で意思決定のこと。校長の「監督（権）」として、職務上の命令権・許認可権・取消権・決定権があり、2監督（職務上の監督・服務上の監督）を行います。

そして、校長は教員にとって職務上の上司であることは当然です。教員は、地方公務員法第32条（法令等および上司の職務上の命令に従う義務）があり、「タブレット活用をしなさい！」と校長からの命令・指示があった場合、従わなければならないのですが、そうではない方法で大きな結果を出したのが、この事例です。

先述したように、私は保健体育の教師で、今も海外・国内問わず、スポーツを観戦するのが大好きですし、スポーツチームの指導者の言動に注目しています。

私がリスペクトする指導者の一人に、2020年に惜しくも亡くなりましたが、プロ野球の4球団で監督を務め、**数多くの選手を育てた野村克也氏がいます。彼は「監督の仕事のほとんどは、選手に自信をもたせ、本人に気づかせること。『気づかせ屋』である」と語っていました。**この教えはよくわかります。いくら教師にタブレットを使うよう命令しても、**教師自身が気付き、納得していなければ活用は浸透しません。**

●時には「使わない」という教師の判断も尊重する

また、教師は専門性の高い仕事です。学級の児童・生徒のことを知っているのは、確実に校長よりも日々子どもたちと接している教師です。その教師から「今、この子たちはタブレットを使う段階ではありません」と言われたとしたら、やはりその判断は大切にするべきでしょう。

ただし、そこで引き下がらず「でも、この部分では使えるんじゃない？」「次の単元では使えるんじゃない？」と提案するのが指導・助言ということです。上原中学校の統括校長時代にも、私がたびたび「タブレット使ってよ～」とお願いし続けたことで、「じゃあしょうがないなぁ」と、年下の私の言葉に従って週案簿に書いて実践してくれたベテランの先生がいました。

つまり、**人間どうしのコミュニケーションの積み重ねが大事**である、ということなのです。

●なぜ「教師全員」にこだわるのか

そもそも、なぜ教師全員がＩＣＴ推進をしなければならないのか？　と、疑問をもつ方もいるかもしれません。ＩＣＴが苦手であったり、抵抗があったりする教師まで巻き込まなくても、知見のある教師、得意な教師のみがＩＣＴ機器を使えば良いのではないか。そう考える向きもあるかもしれません。

なぜ渋谷区小中学校全校に、全教師にタブレット活用を働きかけたのか。一つは**子どものの未来のため**です。社会全体でデジタル化が飛躍的に進んでいる現在、**教育においても子どもの情報活用能力を育成することが求められています。**子どもたちにタブレット活用の授業など教育活動を行う上では、指導する教師全員が取り組まなければ、子どもへの働きかけが十分にできません。それに教師どうしが情報交換するように、子どもどうしや保護者どうしも「うちのクラスはこのアプリ使ってるよ」「うちの学校ではこういうふうにタブレットで宿題が出るよ」と話します。そこで「うちのクラスは活用されていない」「うちの学校では活用されていない」となっては公立学校としては大きな問題です。

もう一つは**教師自身のため**です。教師全員がタブレットを活用することで、**職員会議や教師の研修会で資料をタブレットで見ることができてペーパーレスになります。会議もオンラインで行えますし、児童・生徒のテスト結果、学習評価などの成績関係、出席簿、指導要録といった表簿関係の作成や管理が容易になります。**

また、校長や教育委員会にとっては**教育情報、授業改善資料の伝達がスピーディーにできる**というメリットもあります。**学校関係の調査等の回答も素早く集めることができ、調査の集計も瞬時に行うことができます。**

つまり「未来の学校」というビジョンを実現するためには、やはり教師全員がタブレットを活用していくことが不可欠であると私は考えます。

6　IT企業との連携が「学校デジタル化」を牽引

●最先端のIT知識・知見を教育現場に

第一章で、「学校デジタル化」においては外部人材の果たす役割が大きいと述べましたが、2019（令和元）年6月に渋谷区教育委員会として、渋谷区内に本社をもつ大手IT企業の（株）サイバーエージェント、（株）DeNA、GMOインターネット（株）、（株）ミクシィ、束ねていただいた東急電鉄（株）と「プログラミング教育事業に関する協定」を締結しました。

日本の未来を担い、世界で活躍する子どもたちを育成できるよう「Kids VALLEY 未来の学びプロジェクト」と名付け、進めていくことになりました。2019（令和元）年の夏には、各社でプログラミングサマーキャンプを開催し、区内の小中学生が参加。最先端の技術をもつスタッフからプログラミングを学び、アニメーション作成やミニゲーム開発を体験しました。この催しはあっという間に予約枠が埋まり、保護者や子どもたちの関心の高さがうかがわれました。

2020（令和2）年度からは小学校で、2021（令和3）年度からは中学校で、新学習指導要領により、プログラミング教育が必修となりました。右記の協定に基づき、ＩＴ企業各社は最先端のＩＴスキルやＩＴ教育ノウハウを渋谷区の各学校に提供してくれています。具体的には、授業や課外活動などへの講師・サポート役として、ＩＴ企業各社および東急グループスタッフを学校派遣していただく、という支援をいただいています。

●地元の企業との連携で可能性は無限大に

渋谷はＩＴ企業が多い地域ですが、このような協定を結ぶこと、連携を行うことは大きなＩＴ企業に限らないと思います。各自治体の地域の実態によって可能性は無限にあるでしょう。**地元にある企業との連携は、その学校がある地域の環境資源を子どもの学習にいかしていくものであり、地域社会で子どもの育成を進めていくという意義からも、**

今後重要なものとなります。ぜひ自治体や地域にある企業を活用・連携し、力を借りていっていただきたいです。

第三章　「渋谷タブレットの日」をやろう！

1　すべての区立小中学校で「渋谷タブレットの日」を実施！

●学校差、教師差をなくす──「みんなで進める」ムーブメント

2019（令和元）年度、渋谷区の全小中学校の児童・生徒に一人一台のタブレットを導入してから3年目を迎えました。タブレット活用推進を目指して立ち上げたさまざまな方策によって、大きく変わった学校も見られました。やはり校長や副校長のリーダーシップによって教師は変わります。そして、教育委員会がタブレット活用を目指して本気で旗振りをする姿勢で、学校は変容していきます。

しかし、それでもまだ学校差や教師差はありました。「使ってみてよ」と声をかけ、働きかけを続けてもなかなか動き出せない教師もいました。そこで考えたのが、**ある一日を決めて、全校、全教師が一斉にタブレット活用に取り組み、公開授業や研究発表会を行う**というものでした。その日に、タブレットを使った公開授業や研究発表会をする

ためには、日頃からタブレットを使っておく必要があります。

一人で踏み出すのは無理でも、「みんなで進める」なら動き出せる。どうしてもタブレットを活用してくれなかった教師も、「みんなで進める」ために使うことで、良さを知るきっかけになるかもしれない……。**一校をなんとかする、一人をなんとかするのではなく、みんなでやってムーブメントを起こすことが大事**なのではと考えたのです。

私はその日が、渋谷区の小中学校におけるタブレット活用のさらなる契機になると感じていました。

私が「こんなプロジェクトを考えてみたのだけれど、どうだろう？」と、当時の指導課長に相談すると「ネーミングは『渋谷タブレットの日』にしましょう！」とすぐに返事がきました。こうして「渋谷タブレットの日」は誕生し、始動したのです。

総務担当を教育振興部長が務め、計画運営を統括指導主事が進めることにしました。運営全般に渡って、教育委員会の全職員が一丸となって取り組むといった大きな事業になっていきました。

今、日本の教育は「個別最適な学び」や「個に応じた指導」など、子どもの良さや個性を伸ばす教育を重視しています。そんな中で、「みんなで進める」という姿勢は時代にそぐわない、教員もそれぞれできることからＩＣＴに取り組んだって良い、と感じる人もいるかもしれません。

もちろん、私も、これからの時代の教育の在り方は、個性を大事にするものであるべきで、その実現方法はある程度教師の裁量に任されるべきだと考えます。しかし、**すべての学校と教師を取り残すことなく、ＩＣＴ化のムーブメントに乗せるためには、「みんなで進める」も有効**なはずです。

●教育長自らのアピール大作戦

私が教育長として率先して行ったのは『渋谷タブレットの日』の取り組みを、区外の多くの教育関係者に知ってもらい、その日、渋谷区にお越しいただくことでした。**たくさんの方に来ていただくことで、渋谷区の教師たちが自分たちのタブレット活用が全国から注目されていることを実感し、それが刺激となって、より活用の推進につながる**と考えたからです。

教育長でつくる都市教育長会には、関東大会や全国大会があります。大会では、教育長どうしの情報交換会もあります。そこで私は自分の名刺と「渋谷タブレットの日」の案内チラシを配り、「11月8日に、渋谷区での3年間のＩＣＴ教育推進について、全校での公開授業と発表会を行います。ぜひお運びください」と声がけをしました。

関東大会では約60名、全国大会では約80名の教育長の皆さんに直接「渋谷タブレットの日」の案内をすることができたのです。

教育長自ら広報を行っていることに、「えらいね。教育長自ら」と先輩の教育長からお褒めの言葉をいただき恐縮もしましたが、ＩＣＴ教育の推進という教育現場で重要なテーマの一つに、どの教育長も強い関心を寄せてくださいました。

全国大会では総会後に部会が開かれます。私が参加したのは人数が最も多く、約350名が集まる教育研究部会（学校教育）です。こういった会で発言するのは、実は少々勇気がいるのですが、意見交換の場で思い切って手を挙げて「渋谷タブレットの日」

についてアナウンスをしました。
この時点ですでに何名かの教育長からは「渋谷区に担当者を行かせます！」と反応をいただけており、多くの方が当日渋谷区に来てくれそうな感触をつかんでいました。

●「見られる」ことで教師も子どもも変わる！

2019（令和元）年度の「渋谷タブレットの日」当日は、午前中の3・4校時に渋谷区内の全小中学校でタブレットを活用した公開授業を行いました。そして、上原小学校と上原中学校では午後の5校時と6校時にも授業を公開。それが終わった後に、上原中学校の体育館で教師向けの研究発表会を行う形にしました。

教師にとって、研究発表会や公開授業は準備に時間もかかり、たいへんなものです。ですが、教師の人材育成の面では確実な効果が見られます。そして、教師が変わり、授業が変わることで、子どもも成長します。

校長先生も、教師が成長すれば学校運営が円滑に進み、学校ごとの教育活動もより充実することを理解しています。だからこそ「渋谷タブレットの日」に向けて、「11月8日までに児童・生徒がもっとタブレットを活用できるように取り組もう！」「公開授業ではこのような展開で進めていこう！」と、各学校でリーダーシップを発揮してくれました。

もちろん人をたくさん集めることだけが「渋谷タブレットの日」の目的ではありません。しかし、せっかくそれぞれに時間をかけて準備を進めてくれたのですから、公開授業に参観者が少ないとモチベーションが下がってしまいます。**人は注目されることで頑張ろうとします。多くの人に授業を見てもらうことで、教師も指導に輝きが増すものです。何よりたくさんの人に見てもらえれば子どもたちも張り切ります。**

だからこそ、教育長自ら教育長会で「渋谷タブレットの日」の広報・宣伝活動を行ったのです。

研究発表会のメイン会場が上原中学校なので、午前中からここに多くの人が集まることが予想されていました。ですが、上原中学校だけに集中することなく、多くの学校に大勢の人が集まり、それぞれの学校で行われるタブレット授業を多くの方に見ていただけるような働きかけをお願いしました。

また、各学校にはコミュニティ・スクールの学校運営協議委員、町会、地域、保護者・PTAの皆さんはもちろん、知り合いの渋谷区外の教師、学校関係者等にも参観してもらうようにお声がけをお願いしました。

●パネルディスカッションで出た「楽しいことが大切」という言葉

それぞれの学校で公開授業が行われた後、上原中学校の大体育館では、渋谷区のICT教育・タブレット端末活用に向けた取り組み、各小中学校における実践報告、そしてパネルディスカッションを行いました。

テーマは「なぜ一人一台タブレット?」。

パネルディスカッション。

このテーマは、総務を担当した鴨志田暁弘教育振興部長（当時）が考えました。まだ全国でもタブレットが児童・生徒に一人一台行き渡っていない時だったので、フロントランナーとして渋谷区の取り組みを広く発表するには絶好のテーマ設定でした。

パネルディスカッションにご登壇いただいたのは、上原中学校に一人一台のタブレットが導入された当初よりかかわってくださった東京学芸大学の高橋純先生、明治大学の岸 磨貴子先生、明星大学の今野貴之先生の3人。そしてタブレット活用にかかわった管理職として、西原小学校の手代木英明校長（当時）、上原中学校の柳原忠夫副校長（2017〈平成29〉年度〜）にも加わっていただき、渋谷区がなぜ児童・生徒一人一台のタブレット端末をもつ環境の整備を行ったのか、今後何を目指していくのか、導入から現在に至るまでにどのような取り組みを進めてきたのか、どのような課題が過去そして現在にあるのか、可能性や今後に期待することなど

実践報告。

を話してもらいました。

今野先生は「教師からはとにかく『事例がほしい』という声を聞きました」と、タブレット導入当時を振り返り、**「先行事例が少ない中で、特に必要だったと感じたのは、明確な指針、方向性、具体的な取り組み内容です」**と話しました。

また、岸先生は**「新しいことをする際は『楽しい』ということが大切」と伝え、「『うまくいかない。どうしよう』という弱みを、先生はほかの職員の前で、子どもは友達の前で出すことができ、みんながそれに共感して一緒に考えてくれるような学校は、変化が見られたのではないでしょうか」**と、活用が広がった学校について述べました。

そして、高橋先生からは「**渋谷区の教育は未来を先取りしています。未来に向けて、しっかりやるべきことをやっているのが渋谷区という印象です。**今後に期待します」という力強いお言葉をいただきました。

この研究発表会と並行して、行政向けの説明会を上原中学校の小体育館で実施しました。こちらに参加したのは全国の教育委員会の情報教育やシステムの担当、指導主事など。ネットワーク図を含むシステムの紹介、予算規模、リースや購入物等の契約形態、同意書取得等の個人情報取り扱いなど、実務と財政に寄った内容がかなり説明されました。そのためかパネルディスカッションに比べると、ピリピリした空気が漂っていました。

結果的に、2019（令和元）年度の「渋谷タブレットの日」には、都内はもちろん**大阪府・愛知県・石川県・愛媛県・大分県・神奈川県・岐阜県・群馬県・埼玉県・滋賀県・静岡県・千葉県・栃木県・富山県・広島県・福岡県・福島県・三重県・宮崎県の77の自治体から1800名を超える教育関係者**が集まりました。

これだけ大勢の方に観ていただき、全校が一つの方向に向かって取り組みを行った結果、多くの教師の力量や各学校の「学校力」が上がったことは紛れもない事実です。

2　度重なる困難を突破できた原動力

●コツコツと続けてきたアイデアメモが大活躍

「渋谷タブレットの日」などを実施してから、「よくそんなにアイデア（考え）が次から次へと出てきますね」と言われることがあります。もともと新しいアイデアを考えるのは嫌いではありませんが、ここ数年はタブレット活用推進に関して待ったなしの状況だったことから、ごく短時間で一気にいくつもの案を書き出しては、当時の学校教育振興部長や教育指導課長に見てもらい取り組みました。切羽詰まった状況のほうが、人は案が浮かびやすいのかもしれません。

そうはいっても、まったく何もないところから出てくるわけではなく、**普段からメモをつくっていて、何か思いついたもの、アイデアの端緒になりそうなことはそこに書き留めておくようにしています。**別の自治体の教育委員会で指導室長をしていた時にも「指導室長メモ」をつくって、研修啓発のアイデアを書き留めていました。また、長年日記もつけています。**文章で自分の考えや思いを残しておくのがルーティン**なのです。

また、私の趣味の一つとして**「言葉集め」**があります。**本や新聞を読んでいて出合った印象的な言葉、格言などを記録しておくのです。これも10年近く続けています。**統括校長や教育長は人前で話したり、校長だより（週1回発行）や教育長だより（月に2、3回発行）を書いたりと、言葉を発信する機会が多いので、そういった場面で「言葉集め」はとても役に立ちました。**何より、言葉は心の支えとなり、生き方の道しるべとなるものです。**

私が記録している言葉の一部をご参考までに紹介します。

＊ **令和元年度ラクビーワールドカップ日本代表のスローガン**
「ワンチーム」⇩ **同じ目標に向かって、一人ひとりが努力すること（リーチ・マイケル）**

＊ 「ONE TEAM」「ONE SCHOOL」**それが最後には「ONE SHIBUYA」に！（豊岡）**

＊「人間、やっぱり情でんなぁ」（人形浄瑠璃「文楽」太夫　竹本住大夫）

＊「指導者は先頭に立つべきだが、ついてこられないほど先頭であってはならない」（リチャード・ニクソン）

＊「出る月を待つべし。散る花を追うことなかれ」（中根東里）

＊「勝負してはいけない局面がある。戦わずして負けないこと」（夢枕獏）

＊「怨敵とて厭うべき者なし」（夢窓疎石）

＊「より便利でより豊かで私たちは幸せになったのか」（ウルグアイ政治家　ホセ・ムヒカ）

＊「やるべき価値のあることはたいていきついんだ」（ユージン・クラーク）

＊「人付き合いがうまいというのは人を許せるということだ」（詩人　ロバート・フロスト）

＊『前向きで』駐車場にも励まされ（サラリーマン川柳）

＊「デジタルに熟達するのは大切だが、活字文化の地盤がしっかりしないと次の人材は育たない」（阿刀田高）

＊「われを生かす信はわれには唯一なり　評する者のあらば我のみ」（窪田空穂）

＊「菊づくり　咲きそろふ日は　陰の人」（吉川英治）

＊「ゴールに到達することがすべてじゃない。夢に向かって歩いていくことが大切なの。たぶん」（映画『ジュディ 虹の彼方に』より）

＊「感情にふりまわされてはいけない。どんな過酷な状況でも」（映画『セブン』より）

＊「面倒なことが幸せなんだ」（所ジョージ）

＊「動く人に人は動かされる」（中谷彰宏）

言葉のインプット、アウトプットを重ねて、刺激を受けることが新たな発想につながっている面はあるかもしれません。また文章を書くことで自分の考えがまとまり、さらに広がっていくのは言うまでもありません。

短いものであっても文章を書くこと、新しい言葉に触れることが、新しいアイデアを生み出すには大切なことなのかもしれません。

●「たいへんさ」よりも「楽しさ」に着目してみる

上原中学校の統括校長として、渋谷区教育委員会の教育長として、ここまで書いてきたようなＩＣＴ教育推進を最先端で行ってきたことに対して「たいへんだったでしょう」とねぎらいの言葉をいただくことや、「統括校長と教育長のどちらがたいへんでしたか？」と尋ねられることがあります。

実はどちらに対しても、私自身「たいへん」だったと振り返る気持ちはあまりないのです。そして**困難の多い業務にあたることに対しては、「たいへん」というより「楽しい」という言葉を用いて挑みたいというのが私の信条です。**

上原中学校一校を改革するたいへんさもあれば楽しさもある。そして渋谷区小中学校26校の改革もまた別のたいへんさ、楽しさがあり、両方を比べることは簡単にはできません。教育長として26校の改革に挑むのは、単純にたいへんさが26倍になるかといえばそうではありません。各校には校長先生がいて、それぞれに学校内での改革を進めてくれました。一方で、26名の校長を束ねていくというたいへんさはあります。そういう乗

り越えるべき「たいへんさ」の質の違いはありますが、私自身が「これはたいへんだ！」と思うことはあまりないです。「こんなたいへんさがあるので、なんとかしよう！」と、楽しみながら進んできた感覚です。

思い返してみると、ＩＣＴ教育推進に限らず、これまで携わってきた仕事はどれもたいへんさはありました。でも、同時に楽しさもありました。東京都教育委員会の人事部時代、教員の人事異動をはじめ、教師の体罰調査や服務事故処理という特に責任の重い業務を担当していた頃は、深夜帰宅も続いていました。また私が練馬区で指導主事をしたり、小金井市で指導室長を務めたりしていた時も大きな苦労がありましたが、一緒に奮闘した仲間と乗り越えることができました。彼らはまさに「戦友」です。

そして**渋谷区で出会い、ＩＣＴ教育推進をはじめ、学校教育にともに取り組んだ校長や教員の皆さんとも「戦友」になりました。**

そんな**私のすべての経験が、統括校長や教育長の仕事に生きている。どのような仕事もそれぞれの困難があり、やりがいがある。そして一緒に取り組む（闘う）仲間がいる。だから、それをいかに楽しむかは自分自身の心持ちということなのでしょう。**

●首長あってこその「学校デジタル化」

渋谷区で「学校デジタル化」を進めていくにあたって、大きな力添えをしてくれたのは、首長である長谷部 健渋谷区長でした。「電子国家」として知られるエストニアと渋谷区は、区内に大使館が置かれているという縁があります。区長はそのかかわりから視察に訪れたエストニアで、中学生が授業で最先端のプログラミングを行っているのに衝撃を受け、渋谷区の児童・生徒一人一台のタブレット配備を決意したのだといいます。学校教育に限らず、区としてのＩＣＴ化に強い熱意をもち、ＩＣＴ教育推進にも200%の後押しをいただきました。

教育長として、土日・休日には区内のさまざまな地域イベントにご招待をいただいていました。長谷部区長とは、そこで毎週末のように顔を合わせて、学校でのタブレット活用の進捗や課題を報告することができました。区長から質問や指示を受けることもありますし、逆にこちらから区長にお願いをすることもありました。また、月に1度、教育長から区長に教育委員会として取り組みを報告する場を設けることを始めました。そこでもＩＣＴ教育についてはお伝えしていましたが、それ以外にも土日・休日のイベントでお会いする機会を有効に使い、区長と情報共有・連携できたことは、とても有意義だったと思います。このような関係が築けたのは、長谷部区長にはフランクな面があり、公的な会議以外でも親しく会話ができる方だったことがあるでしょう。

ＩＣＴ教育推進は教育委員会で進めていく事業ではありますが、大きな動きをしていくにあたっては、予算面等を考えると、首長の後押しが欠かせません。**もし、首長がＩＣＴ教育推進に乗り気でない場合は、良い結果を出し、それを共有することが有効ではないでしょうか。**教師や子どもたちがＩＣＴ機器を活用できるようになり、プラスの変化が出てくれれば、それが保護者や地域の方の声として首長のところにも返ってきます。そういった結果を見てもらえれば、首長も「では、さらに力を入れていこう！」と考えてくれるのではと思います。

第四章　コロナ禍で加速する「学校デジタル化」

『1　コロナ禍で浮き彫りになった「これからの学び」』

●タブレットがかなえた「学びの保障」「心の教育」「心のケア」

2019（令和元）年度の「渋谷タブレットの日」が成功のうちに幕を閉じ、今後も「渋谷タブレットの日」を継続して開催することを決めました。「2020（令和2）年度はどのような形で開催しようか」。そんなことを考え始めた矢先、日本の、そして学校の状況は大きく変わりました。年が明けて2020年（令和2年）を迎えたところで、新型コロナウイルス感染症が日本でも猛威を振るい始めたのです。

渋谷区でも2020年（令和2年）3月2日から小中学校は休校になり、学校内にある放課後クラブ（学童保育）に通う児童はいたものの、ほとんどの子どもたちが自宅で過ごすことになりました。ちょうど年度末でありましたが、卒業式や修了式も例年通りの開催が難しくなり、学校や園で友達や先生方との交流をより深めることができる時期に、それができなくなったことに心が痛みました。

教師にしても、子どもたちに教えたかったこと、伝えたかったこと、一緒にやりたかったことがあったでしょう。一年間の総仕上げができなかったことは、さぞかし心残りだったに違いありません。

4月7日に緊急事態宣言が発令されたのに伴って、**渋谷区教育委員会では休校中にも一人一台のタブレット端末を活用するなどして、「学びの保障」を行うこと、「心の教育」や「心のケア」に取り組んでいくことを決意**し、「これから行うこと」を学校に3つ示しました。

1つ目は学校再開に向けて、また学校が再開した後に、感染防止策に取り組むこと、休校期間を受けて教育課程を見直すこと、そして放課後クラブに協力すること。

2つ目は休校中の家庭学習・心の教育・心のケアに対しては、タブレットを活用すること。そして相談体制を整えること。特に「学びの保障」を念頭に置き、教科書に沿った学びをすることと、児童・生徒の学習状況を把握し、適切な指導ができることを重視してほしいと伝えました。

3つ目は感染者・濃厚接触者が出た場合の対応です。教育委員会が作成するマニュアルを参考に、冷静に落ち着いて、情報管理と感染防止を行うとともに、必要に応じて出席停止や臨時休校等の措置を行うこと。

5月の連休が明け、さらに休校は延長されることになりました。私は教育長として、休校期間中数回、区立幼稚園の園長先生、小中学校の校長先生に電話で直接お話しをしました。**それぞれの学校で、子どもの「学びの保障」や「心身のケア」について、タブレットも活用しながら「さらにしっかり取り組まなければならない」という使命感や責任感をもってあたっていただいていることを強く感じました。**

結論から言えば、**コロナ禍という逆境は、「これからの学び」を浮き彫りにし、渋谷区のICTの推進を加速させました。渋谷区は、ピンチをチャンスに変えることができたのです。旗印になったのはやはり「渋谷ブランド」というバックボーンです。**

ここからはコロナ禍において、渋谷区教育委員会がICT教育をどのように推進していったか、コロナ禍と闘った学校教育の記録の一つとしてお伝えします。この記録が参考になれば幸甚です。

●オンデマンド学習動画「渋谷オンライン・スタディ」始動

緊急事態宣言下の2020（令和2）年4月、児童・生徒の「学びの保障」を一層進めるために、**インターネットテレビ&ビデオサービス「ABEMA」を活用したオンデマンド学習動画「渋谷オンライン・スタディ」の配信をスタート**しました。

この決断には渋谷区のリードがありました。

当時は一斉休校期間が続くまま、新年度を迎えることになり、担任教師と子どもたちの顔合わせもままならない状況でした。登校日をもうけて紙で休校中の課題を配布することに精一杯で、教科書の配布すら行えない自治体も多くありました。

しかし、未知のオンデマンド学習に対して多くの自治体や首長は、端末環境も整っていなかったこともあり、迷いや戸惑いを感じ、決断できませんでした。そんな中で、長谷部区長は「渋谷区にはタブレット端末一人一台の環境がある。コロナ禍にあって有効にタブレット活用がされるためには、オンデマンド学習動画が必要なので取り組んでくれ！」という力強く言い切ったのです。

「学校デジタル化」に強い意志と意欲をもつ長谷部区長ならではの決断力、スピード感、実行力があったからこその動きでした。

学習動画の作成は、まず教育委員会から教育指導課長、統括指導主事、指導主事が先生役となって撮影を行いました。それだけでは間に合わず、学校の指導教諭等にも急遽撮影に協力してもらいました。その結果、わずかな期間で１３９もの動画を完成させることができました。

学習動画「渋谷オンライン・スタディ」の撮影風景。

上の写真の授業者は統括指導主事です。小学校１年生を対象にした算数で、単元は「いくつといくつ」。とてもわかりやすい学習動画でした。

撮影用の指導案やシナリオを短時間で準備し、内容の濃い学習動画をつくることに協力してくれた教師の皆さんには感謝の気持ちでいっぱいです。

配信を始めて半年ほどの2020（令和2）年11月末の時点で、総閲覧数は6万5173回。動画一つあたり平均約468回観られたことになります。

この「渋谷オンライン・スタディ」の動画配信に対しては、多くの校長先生、そして保護者の皆さんから感謝の声をいただきました。

●対面授業復帰後も続くオンライン学習

新型コロナウイルス感染症感染拡大に伴う休校期間中、「渋谷オンライン・スタディ」でオンデマンド学習動画は整備されましたが、これはあくまで、学習の空白を埋める「応急措置」です。**真の「学びの保障」の観点からは、子どもが、休業中も学校にいるときと同じように学べる必要があります。**学校や教師にはさらなる「新しい学び」の方法が求められ、タブレットの必要性がより高まりました。

それは、言うまでもなくタブレットを活用したオンライン授業です。

渋谷区では2020（令和2）年4月よりオンライン授業ができるように整備を進めました。その後、9月より渋谷区のICT教育システムは新しいシステムに移行されたのですが、それよりも前に、当時のシステムの関係事業者の協力を得て、**マイクロソフト社の「Microsoft Teams（以下チームス）」導入を各端末に行いました。**これによって、5月下旬から「チームス」を用いてオンラインでのホームルームが行える環境となりました。短時間であっても、担任教師やクラスメイトが顔を合わせて交流ができたことは、登校はもちろん外出もままならない環境では大きな安心感につながったことでしょう。

「チームス」の導入も渋谷区のリードがあって実現したものです。教育委員会が頭を抱えていたところ、急ぎオンライン学習ができるようなシステム構築を進めるように区長から指示があり、全面的な支援をいただきました。

その後、登校が再開されて対面の授業が復活してからも、第二波、第三波への備えとしても必要なものであることから、**6月中旬にはすべての学校で「チームス」を活用した双方向型のオンライン学習が可能になりました。**学習動画「渋谷オンライン・スタディ」と合わせて、家庭学習の充実に取り組むことができたのです。

私はこの頃、**引き続きオンライン授業を研究・研修し、実践していく「ハイブリッド化」が、教育委員会が目標として掲げている「未来の学校」の姿である**とも考えるようになりました。そのためにも、教育の授業での「チームス」活用スキルの向上を目指し、研修会の実施や効果的な活用方法を他校に周知するなどを通して、教師の指導力育成を図ることに取り組み始めました。

●特別な支援を必要とする子どもへのサポートでも大活躍

休校期間中の「学びの保障」には、児童・生徒に一人一台配備されていたタブレットが大いに力を発揮しました。学習動画「渋谷オンライン・スタディ」の閲覧も、「チームス」を使ったオンラインでのホームルームも、一人一台のタブレット端末がなければ実現しなかったものです。

未来の社会で生きていく子どもたちが、学校教育でICTを学んでいくことは、もはや避けることができないということは再三お伝えしてきた通りです。それ以外にも、ICT教育の推進やタブレット活用によって、学校教育の現場で子どもたちにさまざまなメリットがもたらされます。

すでにご存知の方も多いかと思いますが、発達障害のある子どもや、知的発達に遅れはないけれど、**聞く・話す・読む・計算するなどが著しく困難な学習障害（LD）の子どもへの支援に、ICTはとても有効です。**読むことに困難のある子どもが、教科書の音声読み上げ補助機能を使うことで、教科書の内容が理解しやすくなるなども、ICT活用が学習に役立つ例でしょう。

子どもの学びをサポートする例としては、**不登校や病気等で自宅療養しているような児童・生徒がオンライン授業で学んだり、オンラインでホームルームに参加したりしたケースがあります。**不登校の子どもは、オンラインで同級生とともに学べることをとても喜んでいました。

ほかにも、**「チームス」を使って、リモートで専門家や大学の先生、企業にお勤めの**

方など外部人材から子どもたちがお話を聞いて、学ぶ機会をもつことができるようになりました。日本全国だけでなく、海外の方々とも交流が可能になり、子どもたちの世界が今まで以上に広がるというメリットもあります。

やはり子どもたちの「学びの保障」を考えたときに、一人一台のタブレット導入をはじめとしたＩＣＴ教育推進は欠かせないものになっているということでしょう。

2 スムーズな新システム導入をどう実践するか

●ICT化の加速のカギはスムーズな「システム移行」にあり！

２０１８（平成30）年より導入された最初のＩＣＴ教育システム（以下、旧システム）は3年間の予定となっており、２０２０（令和2）年9月から新システムへと移行することが決まっていました。

新システムの構築の準備として、より快適に活用できる操作性や、新たな教材、インターネットを活用した学習への柔軟な対応を図るために、**従来のＬＴＥ方式に加えて、新たに校内に無線ＬＡＮを敷設し、校内の通信環境を強化**することにしました。また、教職員および児童・生徒が使用するタブレット端末は「ＭｉｃｒｏｓｏｆｔＳｕｒｆａｃｅＧｏ２（サーフェス・ゴー・ツー）」をプロポーザル方式で選定しました。旧モデルよりも高いスペックをもちながら、薄型で軽量。なおかつタッチやタイピングなどの操作面も、子どもが直感的に使いこなせる機器です。

導入に向けて、タブレット端末の操作等については、早い時期から教師が触れておき、十分に習熟した万全の体制で9月からの運用開始を迎えたいと考えました。

これには上原中学校統括校長時代の苦い経験があります。

第一章でも触れたように、モデル校として活用を始めて、約10カ月後に旧システムのタブレットが配備されましたが、それはモデル校として使用していた時の40台のタブレットとは異なる機種だったのです。当時、上原中学校の教師からは「せっかく慣れてきたのに、違う機種では……」と戸惑いの声があがりました。統括校長であった私も、これまでの取り組みが継続的にいかされなくなってしまい、タブレット活用が停滞してしまうのではと案じたものです。

今回の新システム移行ではそのようなことがないよう、**教職員には先行して6月下旬から7月下旬には端末を配布し、それに合わせた研修計画も実施**しました。

この新しいＩＣＴ教育システムを構築するにあたっては、教育委員会の担当職員が学校を訪問し、かなり時間をかけて、新システムで改善したほうが良いこと、新システムへの希望や要望を現場から丁寧に聞き取り、それを最大限いかせるようにしました。また、多くのＩＴ関連ベンダー、業者へのヒアリングも重ねて、労を惜しまず誠心誠意取り組んでくれたことには頭が上がりません。渋谷区の「学校デジタル化」成功の陰には、教育委員会職員の尽力がありました。

●いつでもどこでも学べるシステムを導入！

新システムにおいての学習系システムとしては、タブレット用学習ソフト「ミライシード」を採用しました。このアプリケーションには、授業内での定着確認などの場面で、自動採点が可能となる機能があり、教師は子どもの学習状況を迅速に把握し、きめ細かい指導を行うことができます。

さらに、子どもたちの意見を瞬時に共有し、整理・分析ができ、子ども一人ひとりが自分の意見を伝え、友達の考えを知り、それを元にして話し合いを深めることもできます。

一方、校務系システムについては、「ＥＤＵＣＯＭマネージャーＣ４ｔｈ（エデュコム・マネージャー・シーフォース）」を採用しました。教職員の勤怠管理の電子化や、教師がシステムに一度入力したデータを、関連する複数の帳票に情報連携させるなど、事務処理業務を効率化し、教職員の負担軽減を図ることをねらいとしています。

新システムでは、学習系データと校務系データを連携させる「スマートスクール連携」の機能も導入しました。校務系システムでの、出欠情報や日常の所見、保健室の活用状況、成績等の情報と、学習系システムのドリル等の学習履歴や、児童・生徒が入力した心の状態を表す「心の天気」等の情報とを連携させて集約することで、クラス、子ども単位でのダッシュボードとして可視化することができます。

これによって、教師は、生徒指導や学習指導にお

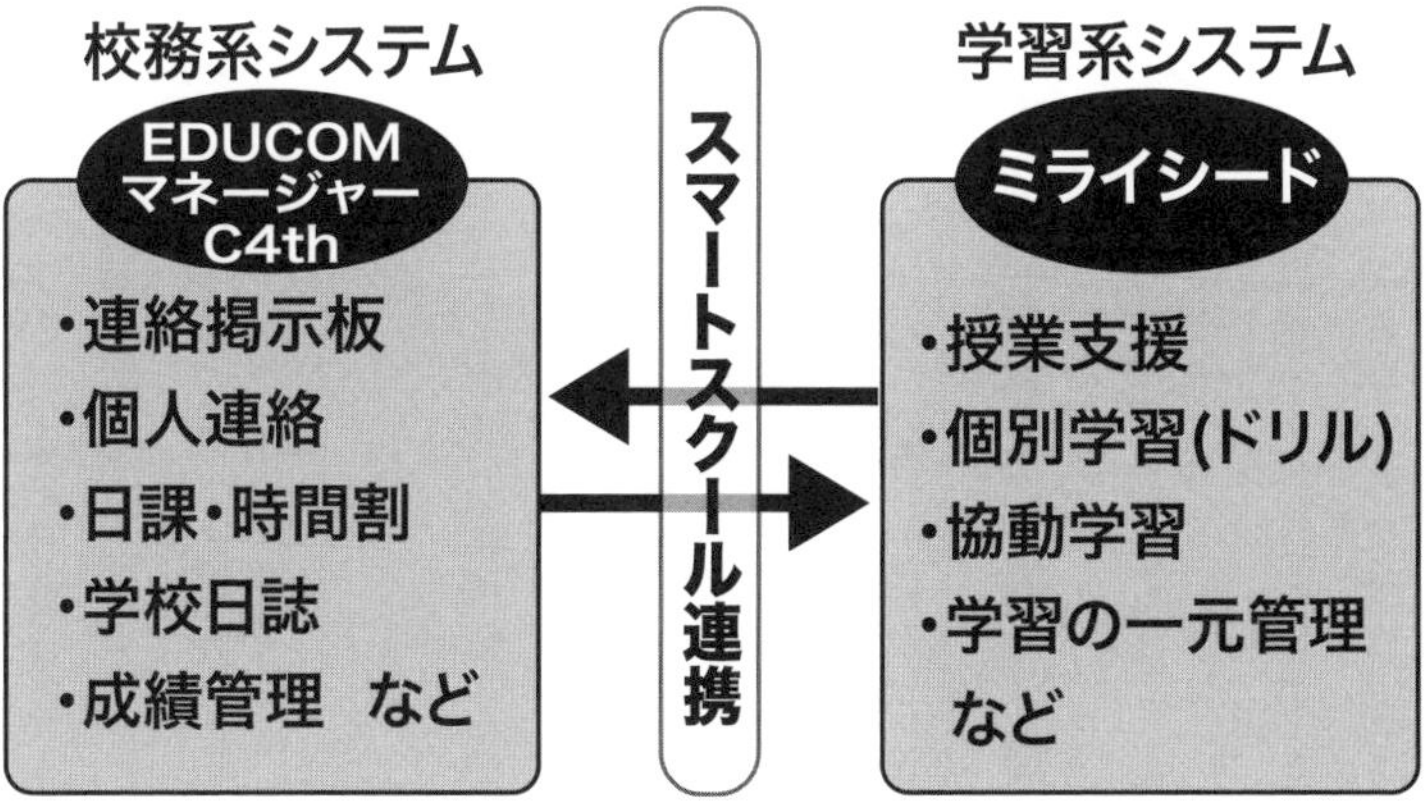

ける課題の早期発見、対応につなげることができます。得意教科の成績が落ち込んでいる児童・生徒がいれば、日常所見や本人が入力した「心の天気」の情報を確認することで、声かけを行うことができます。学習面でも、単に苦手分野を把握するだけでなく個別指導につなげていくなど、さまざまな活用が可能です。

多様な教育データを用いることで、児童・生徒の学習プロセスを推測し、理解につまずいた箇所を個別に対応することや、教師のすぐれた授業ノウハウ等をエビデンスとして蓄積して若手教師へ知の継承を行うなど、子どもにも、教師にも、きめ細かい指導につなげることもできるでしょう。

このような**新時代の教育を実現するための取り組みを進めるのと並行して、教師の働き方改革や指導改善を図ることで、子どもたちに対して誰一人取り残すことのない最適な学びを実現することができる**のです。

また、新システムでは「Ｓｕｒｆａｃｅ Ｇｏ ２」と親和性の高い「Ｍｉｃｒｏｓｏｆｔ ３６５（以下３６５）」を導入し、「チームス」の機能を最大限活用できる環境を整備しました。これによって、より快適で確実な双方向のオンライン授業が可能になります。新たな学習系アプリケーションと組み合わせて活用することで、渋谷区モデルの基本理念とでも言うべき「いつでも、どこでも学べる学習環境」の一層の充実を図ることができました。

●誰一人取り残すことなく、新システムに移行

新システム導入の課題としてまず感じていたのは、旧システムにせっかく慣れて授業でＩＣＴが活用できるようになった教師が、新システム導入に拒絶反応を起こすようなことがないかということでした。民間企業などでも、新システムにアップデートしたところ、年配の社員がついていけなくなり、現場が混乱するといった話をよく聞きます。

上原中学校時代の経験も思い返すと、児童・生徒は比較的変化に柔軟に対応でき、システム移行も受け入れるのが早いと予想できましたが、教師はどうなることかと心配でした。当時の私にとっての至上命題は、誰一人取り残さず、新システムに移行するということでした。

先行してタブレット端末を配布したのもその対策の一つでしたが、**新システムや新しいアプリケーションソフトへの教師の理解や習得に向けて、研修会や校内における講習会を開催したほか、指導主事による学校訪問、新タブレット導入直後から3週間に渡って各学校にICT支援員を常駐させるなど、教師の新タブレットに対する理解や習熟のために、ありとあらゆる対策を講じました。**

ほかにも課題として、多くの児童・生徒が同時に回線を活用した際に、回線が不通になるなどの不具合が発生しないかどうかといった不安がありました。

実際に導入当初は、一部のアプリケーションソフトを学年全体で一斉使用すると繋がりにくくなるなど、不安定な状況が発生しました。これについては不具合発生の後に、事業者と調整の上、解消されました。

また、新システム移行に伴って新たに導入したツールとして、保護者との連絡に活用できる「Ｈｏｍｅ ＆ Ｓｃｈｏｏｌ」の設定や新ツールへの円滑な移行などの課題がありました。

これも、事前の研修会や講習会等によって、学校側では比較的スムーズに移行ができ、保護者の登録も順調に進みました。保護者にとっては「子どもからおたよりが届かない」などのトラブルがなくなったほか、それまで連絡帳の手渡しや学校への電話連絡が必要だった遅刻・欠席連絡も「Ｈｏｍｅ＆Ｓｃｈｏｏｌ」を通じて行えるようになったことから利便性が高まり、学校においては教職員の負担軽減になっています。

●キャンペーンという形で確実に成果を出す

渋谷区の小中学校は二学期制です。９月に新システムが導入された後、秋休みを挟んで**後期が始まる10月から12月の３カ月間を新タブレットの「スタートダッシュ月間」としてキャンペーンを行う**ことにしました。

新システムの定着を図るには、「取り組んでください」とお願いするだけではなく、「スタートダッシュ月間」というキャンペーンに打って出て、学校や教師に働きかけるほうが効果的だと考えました。それも１カ月という短期間ではなく、３カ月という長期間で確実に成果を出そうと考えました。

しかし、単に「キャンペーン」を掲げるだけでは、実効性はありません（余談ですが、本書の発行元である時事通信出版局でもたまに「ノー残業ウィーク」というキャンペーンがあるらしいですが、誰も気にしてないと編集者から聞きました）。**大事なのは、学校や教師に「アクション」させること**です。そのための具体策として、まずは新タブレットが活用しやすくなるようにと、**新タブレット活用のスタートダッシュにおける確認事項【管理職編】と【教師編】を作成し、学校に配布しました。それぞれ自己点検してもらい、課題を明確にして解決を図ってもらうように働きかけました。**

【管理職編】では、「授業観察」「ＩＣＴ活用指導力の向上のための校内研修」「ＩＣＴ担当教師」「学校ホームページ」「Ｈｏｍｅ＆Ｓｃｈｏｏｌ」「情報化に関する規則の順守」などの項目をあげて、「おおむねスタートダッシュが切れている状況」「十分にスタートダッシュが切れている状況」のどちらにあたるのかを自己点検してもらいました。

また【教師編】では、「３６５」「ミライシード」「情報活用能力」を大項目に、「チームスの活用状況」「オクリンク（授業支援ツール）の活用状況」「情報モラル情報リテラシー」等を小項目にあげて、「おおむねスタートダッシュが切れている状況」「十分にスタートダッシュが切れている状況」を示して、自己点検してもらいました。

自己点検の結果把握には、「365」のアンケートツール「Microsoft Forms」（以下フォームズ）」を活用しました。入力してもらった結果を各学校に返すとともに、**12月までのスタートダッシュ月間中にすべての管理職・教師が「十分にスタートダッシュが切れている状況」になるように働きかけました。**

「フォームズ」の活用については、年度末に児童・生徒自らにタブレットの活用状況について回答してもらい、さらなる指導に役立てることができました。活用促進のため、教育委員会は声をかけるだけでなく、手をかけて具体的な策をつくり、フィードバックを受けることが大事だということです。

●「質」とともに「量」にも目を向ける

第三章でも述べた通り、児童・生徒のタブレット活用時間を把握するため、ログを集計することは旧システムから新システムへの移行後も続けていました。このログによって、新システムの「スタートダッシュ月間」を通じて、すべての小中学校でタブレット活用の足並みが揃ったことがわかりました。

2020（令和2）年10月の「スタートダッシュ月間」当初に、各小中学校の児童・生徒がタブレットを活用する月平均時間を算出したところ、最上位校の数値が10時間でした。そこから学校での活用時間目標値を当面「10時間」と設定し、活用時間がその半分である5時間に満たなかった学校については下位校として、強く働きかけをすることにしたのです。

10月の時点では、活用時間が10時間を超える小学校は3校、中学校は2校でした。それが11月には小学校4校、中学校3校になり、12月には小学校6校、中学校3校と着実に増えていきました。

また、活用時間が5時間に満たない下位校も10月は小学校で1校、中学校で3校だったのが、12月には小学校・中学校とも下位校がなくなったのです。それを裏付けるデータとして、平均活用時間が小学校は約10時間、中学校は約9時間20分と、目標達成時間の「10時間」に近づきました。

重ねて申し上げますが、**重要なのは授業や活動の質です。しかし、活用した時間（量）の意識も大事です。「スタートダッシュ月間」の３カ月間において、児童・生徒のタブレット活用状況はぐっと向上し、全校において活用時間の確保が進んでいることが示されました。**これまでの取り組み、そして「スタートダッシュ月間」での取り組みにおいて、各学校で独自に働きかけを続けてくださった結果に違いありません。私は定例の校長会においてすべての校長先生に感謝の言葉を述べました。

『3　「渋谷の教育」とタブレットをつなぐ取り組みとは』

●2回目の「渋谷タブレットの日」をコロナ禍で開催

さて、新システム移行後に行われた2020（令和2）年度の「渋谷タブレットの日」ですが、コロナ禍にあったため、2019（令和元）年度のように大々的に人を集めることはやめ、学校単位での実施としました。日程も各学校が個別に設定した結果、10月から翌年2月にかけての長期間の開催となりました。

２０２０（令和２）年度の「渋谷タブレットの日」のテーマは、コロナ禍の休校期間中に「渋谷オンライン・スタディ」（Ｐ１１７参照）の配信や双方向型オンライン学習が可能になったことから、これを対面授業と合わせて使いこなしていく「ハイブリッド化の推進」としました。授業内容はタブレットやＩＣＴ機器を活用したものとして、情報モラル教育に関する授業や取り組みも含めました。

参観してくれる方が多いほうが教師や子どものモチベーションは上がるのですが、今回に関しては致し方ありません。都区内の新型コロナウイルス感染症の拡大状況を鑑みて、地域や保護者に向けた授業公開も積極的に行わず、実施後に紙面やホームページ等で公開することとしました。ただし、学校評価もあることから、予

防対策を十分に行った上で、コミュニティ・スクールの委員には声をかけることとしました。

ただ、来校して実際に参観はできなくても、**地域の方々に向けて、「今日は学校で『渋谷タブレットの日』を実施していて、タブレットの活用を進めている」ことを知ってもらうため、**門に「渋谷タブレットの日ｉｎ○○小」「渋谷タブレットの日ｉｎ○○中」といった看板を掲示してもらいました。

また、教育委員会でＩＣＴに堪能な指導主事にお願いをして**「令和２年度渋谷タブレットの日」の素晴らしいイメージ映像を作成**してもらいました。「あれから1年」というカットから始まるプロ級の仕上がりです。各学校では、「渋谷

タブレットの日」の開催に合わせて、昇降口などにモニターを設置してもらい、常時流すことをお願いしました。**参観者が少ない中でも「渋谷タブレットの日」を盛り上げるための工夫の一つであり、教職員や児童・生徒に「渋谷タブレットの日」が行われているという意識をさらに強めてもらう**ねらいがありました。

●タブレット活用の真の目的を示す「4つのリンク」

2020（令和2）年度の「渋谷タブレットの日」においては、「ハイブリッド化」とともに「渋谷の教育」で独自に行われている「シブヤ科」「渋谷3S感染防止」を関連付けて行うこともし

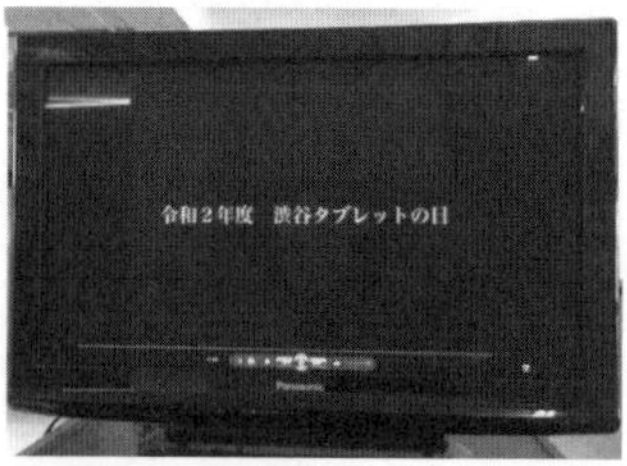

教育指導課の指導主事に令和２年度の「タブレットの日」のイメージ映像を作成してもらいました。「あれから１年」といって始まるプロ級の映像でした。訴える力を有した感動的な作品と言っていいでしょう。
それを昇降口などの校内にモニターを設置してもらい、常時、流すこともお願いしました（映像戦略ですね）。
令和２年度の「渋谷タブレットの日」を盛り上げるためであり、教職員や児童・生徒に「渋谷タブレットの日」をさらに意識してもらうためでした。

ました。なぜなら、**タブレットを活用することだけが主目的ではない**からです。タブレット端末は単なる学習ツールであり、使うことが目的でなく、授業などの教育活動をさらに充実させるために活用するものです。だからこそ**「何のために使うのか」の設定がとても重要なのです。その次には「どのように使うのか」が続きます。**

具体的には「シブヤ科」においての活用が「何のために使うのか」であり、「どのように使うのか」は「ハイブリッド化」です。そしてコロナ禍において「渋谷3S感染防止」に努めなければなりません。これらの取り組みを行うことを示したのが下の図の「4つのリンク」になります。

4つのリンク

※イメージ図

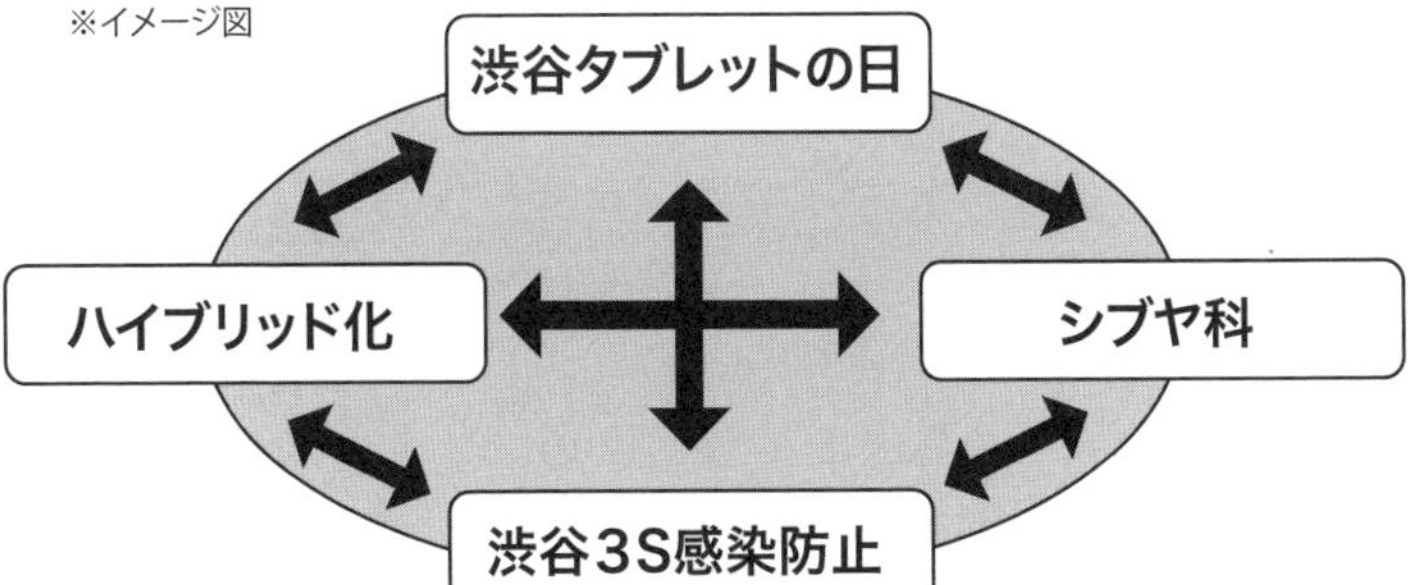

●あらゆる状況に強い「ハイブリッド化」

ここからは「4つのリンク」のうち、渋谷区独自の取り組みである3つの内容について詳しく述べていきます。まずは「ハイブリット化」からです。

コロナ禍の休校期間中にオンデマンド学習動画「渋谷オンライン・スタディ」、また「チームス」を活用することで、双方向のオンライン学習が可能になりました。渋谷区が目指す「未来の学校」は、このようにICTを活用した授業をデザインし、どのような状況においても児童・生徒の学びを保障しています。

そして、教師が対面指導とともに、家庭や地域社会と連携した遠隔・オンライン教育などを効果的に組み合わせたハイブリッドな授業を展開してきました。この取り組みは、新型コロナウイルス感染症の第二波、第三波への備えにもなりました。

具体的には「チームス」を使って双方向による授業を行い、アプリケーションを活用することで学習課題の配信や提出をするなど通常の授業展開が可能になりました。**特に「チームス」は、遠隔にいる対象者との対話、スクールカウンセラーや学級担任等との**

教育相談・進路相談にも使えます。学習活動の一環としてアンケートツールを使った調査を行ったり、海外の児童・生徒との意見交換や共同制作を行ったりすることもでき、「ハイブリッド化」によってさまざまな学びの機会が広がっていきます。

●ハロウィンでの大騒動を教訓に「シブヤ科」を！

「シティプライド」という言葉があります。街への誇りと愛着という意味です。子どもたちに、渋谷のことをもっと知ってもらい、もっと渋谷にかかわることでシティプライドを育み、未来の渋谷を創造する担い手の育成をしたい、そんな思いで立ち上げたのが「シブヤ科」です。

きっかけは2018（平成30）年のハロウィンでした。渋谷でのハロウィンは毎年話題になりますが、この年は軽トラックを横倒しにした事件で逮捕者が出るなどの騒動があり、全国に報道されました。

一方で、散乱する酒瓶やゴミを拾い、汚された街を清掃するボランティアの姿に私の心は惹き付けられました。区民でもそうでなくても、渋谷を愛してやまない人がいる……。それが渋谷であると確信したのです。そこには、渋谷区の首長である長谷部区長の思いもありました。

すでに学校によっては、生活科や総合的な学習の時間、各教科等を相互に関連付けて、実社会・実生活において活用できるように、学校の周りの地域から始まる「渋谷」の学習をしていましたが、子どもたちの多くが「渋谷」のことをよく知らないというのが実態だったと思います。

「シブヤ科」によって子どもたちが、渋谷の良さを発見し、そして、未来の渋谷の街づくりの担い手になってくれたら、望外の喜びです。

モデル校設置など、3年近い準備期間を経て、2021（令和3）年度からは渋谷区立全小中学校で「シブヤ科」がスタートしました。その学習内容は各学校で地域の特性等に合わせて設定してもらっていますが、遠隔で対象者に話を聞くなど、タブレットが全面的に活用されており、今後のさらなる展開が期待されます。渋谷区の学校教育にとって、この「シブヤ科」は子どもたちの未来を大きく変えるターニングポイントとなることでしょう。

●「ウィズ・コロナ」時代の「渋谷3S」

新型コロナウイルスの感染拡大による休校期間が終わり、また子どもたちが学校に集まって生活できるようになりました。ですが、様相は以前とすっかり変わってしまいました。「密だから、離れなさい！」「給食は一人ひとり、黒板を向いて食べます。友達と話をしてはいけません！」と、友達と仲良く談笑する子どもたちに向けて注意しなければならない状況になりました。

学校は本来、密接や密集の中での学びや生活があるところです。安全や安心を第一に、健康や生命を守ることを最優先させなければならないことはわかっていても、教師たちにはきっと複雑な思いがあったことでしょう。それは現在も続いています。長期間にわたり、新型コロナウイルス感染症とともに生きていかなければならない「ウィズ・コロナ」の認識に立ち、学校教育を進めていくことを私も覚悟しました。

感染者がどこにいるかわからない。もしかしたら、自分が感染者かも知れないし、周りの人を感染させるかも知れない。これは、これまで培ってきた人間としての、社会的なつながりを失うことになり兼ねない事態です。だからこそ、感染の防止を緩めることなく、新しい生活や日常を築いていくことが重要です。

私はこの状況において、3点について学校にお願いをしました。

1点目は、**感染防止策「渋谷3S（Safe School Style）」の徹底**です。子どもたちが安心して学校・園生活を送れるように感染防止策を全教職員が共通認識・実践できる体制をつくり、子どもたちへの指導を徹底してもらいました。

「渋谷3S」とは、手洗い・うがい、距離をあけよう、マスクを着けよう、給食は同じ向きで、咳エチケット、密にならない、からかわない（いじめをしない）など、感染防止等で取り組むべき事項について示したものです。

これを、子どもたちに感染防止の合言葉にしてもらいたいと思いました。先生方も子どもたちへ「渋谷3Sを守ろう！」「3Sだよ！」と簡潔に注意喚起ができます。また、「渋谷3S　子どもたちが安心して学習するために」と題したオリジナル・ポスターを作成、全校に配布して掲示をお願いしました。

「渋谷３Ｓ（Safe School Style）」
子供たちが安心して学習するために
「渋谷３S」をまもろう！
手洗《てあら》い・うがい
HAND SOAP
距離《きょり》をあけよう
マスクを着《つ》けよう
口《くち》を はなして
給食《きょうしょく》は同《おな》じ向《む》きで
咳《せき》エチケット
友達《ともだち》には触《さわ》らない
密《みつ》にならない
からかわない
学校で実施していること
換気《かんき》の徹底《てってい》
消毒液《しょうどくえき》の設置《せっち》
定期的《ていきてき》な消毒《しょうどく》
体調管理《たいちょうかんり》の徹底《てってい》
感染防止《かんせんぼうし》の校内放送《こうないほうそう》
給食配膳《きゅうしょくはいぜん》の工夫《くふう》
MILK
令和２年５月　渋谷区教育委員会
（イラスト：渋谷区立広尾中学校　橋本夏子養護教諭）

2点目は、**「心のケア」と「思いやりの心」を育むこと**です。

休校期間が明けた後、子どもに寄り添った「心のケア」をお願いしました。また、**不当な偏見や差別、いじめ、SNS上での誹謗中傷、感染者や濃厚接触者とその家族、医療従事者とその家族に対する偏見や差別につながるような行為は、断じて許されるものではありません。**人を思いやる、人の気持ちになって行動できる「思いやりの心」を育むようにお願いしました。

3点目は、**「学びの保障」の実現**です。

学校は、教師と児童・生徒が対面で、児童・生徒どうしが一緒になって学ぶ場所ですが、それが以前のようにはできません。しかし分散登校での対面授業や双方向のオンライン授業の中で、協働的な学び合いを工夫するなど、確実に「学びの保障」を実現していくようにお願いしました。

大切なことは、状況にかかわらず、常に学校と家庭、教師と子どもがつながっており、互いに「つながり」を実感できることだと思います。

なお、2020（令和2）年度「渋谷タブレットの日」においては、「4つのリンク」の中で「渋谷3S感染防止」がすべてのベースになっていました。「渋谷3S感染防止」が徹底されていたからこそ、「渋谷タブレットの日」が安全に実施できたのです。

4 渋谷区の全学校は毎日が「タブレットの日」

●いつもの授業を「タブレットの日」にやっているだけ

各学校単位で行われた2020（令和2）年度の「渋谷タブレットの日」、現場の教師たちは実に見事にタブレットを使いこなしていました。また、子どもたちも臆することなく、学習ツールとしてタブレットを活用していました。**タブレット活用の「新しい日常」が各学校には確かに存在していました。**

本来であれば、全校の「渋谷タブレットの日」を紹介したいところですが、紙面の関係もありますので、いくつかの学校での「渋谷タブレットの日」の授業風景を少し紹介します。

○代々木中学校

2年生は先行実施の「シブヤ科」の発表を行いました。各グループが課題を設定し、聞き取り調査や実地調査、インターネットによる検索等を行い、自分たちができることについてプレゼンテーションを行いました。**発表グループの得点を「フォームズ」のアンケート機能で瞬時に集計するなど、ICTの強みを活用していました。**

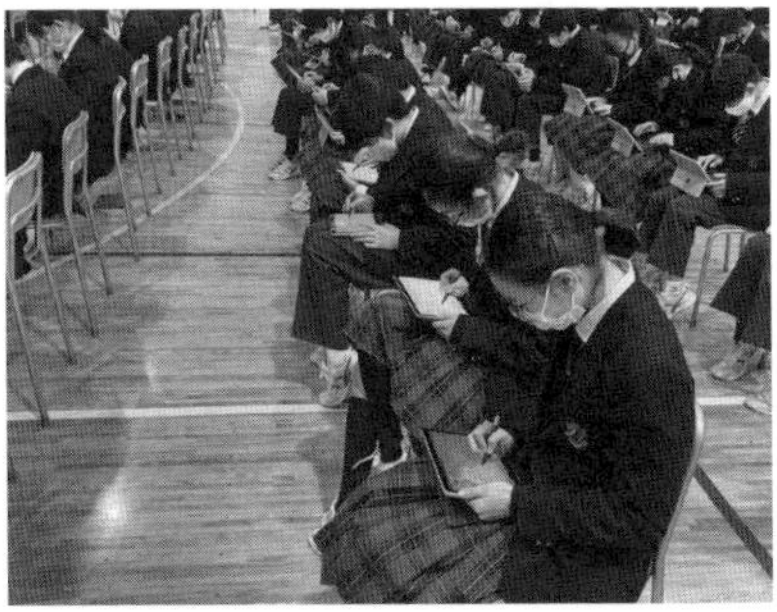

○常磐松小学校

1年生の国語では、タブレットで作成したカードを用いた買い物ごっこなどを行いました。4年生は、総合的な学習の時間で、大学の先生とオンラインでつながり、海洋プラスティックゴミについて発表し、コメントをもらい、質問をするといった取り組みを行いました。**大学の先生からは「パワーポイントを使いこなしている姿がすごい」と褒められました。**

○神宮前小学校

6年生の算数「データ活用」の授業では、「チームス」のチャネル機能を使い、自分が作成したグラフについて班のメンバーに説明。良い点や改善点を伝え合い、学びを深めました。5年生の英語科「Who is your hero?」では、プログラミング言語である「Scratch（スクラッチ）」の拡張機能「音声合成」を使って、ヒーロー紹介のゲームをつくり、完成した作品は「学習系ファイルサーバー」に保存し、友達のゲームにも挑戦できるようにしました。

全児童がタブレットの普段使いをしている様子について校長先生は、「いつもの授業を、タブレットの日でやっているだけです」と言いました。

〇笹塚中学校

3年生は総合的な学習の時間「修学旅行」で、VR映像等を活用した学習を行いました。2年生は社会科「地理的分野」でプレゼンテーションソフトを活用しての学習問題提示と「チームス」での話し合い活動でした。1年生は総合的な学習の時間「職業調べ」で校長室をスタジオにした職業調べ発表会を実施。生徒たちはデジタルノートアプリ「Microsoft OneNote（ワンノート）」を使ってお互いの記録を共有しており、紙のノートを使う姿は少数。そして、この日の授業を全保護者に配信していました。

圧巻の「渋谷タブレットの日」でした。「本校は、毎日がタブレットの日です！」と校長先生は言いました。

＜令和２年度『渋谷タブレットの日』報告書＞

https://www.city.shibuya.tokyo.jp/assets/kodomo/000054730.pdf

この様子から渋谷区の小中学校がいかに日常的にタブレットやＩＣＴ機器を活用しているのか、おわかりいただけたのではないでしょうか。「みんなで進める」ムーブメントとして、学校差や教師差をなくすために実施した２０１９（令和元）年度の「渋谷タブレットの日」から１年数カ月。**特別な準備をしなくても、毎日が「渋谷タブレットの日」となっている状況が、現実となっていたのです。**

なお、渋谷区立小中学校26校のタブレット活用の充実した実践がまとめられた「令和2年度『渋谷タブレットの日』報告書」は、渋谷区教育委員会ホームページに公開されておりますので、ぜひご覧ください（Ｐ１５２のＱＲコード参照）。

●大切なのはタブレット活用の推進を止めないこと

さて、２０２１（令和３）年度の「渋谷タブレットの日」は、区内小学校18校を３ブロックに、中学校8校を2ブロックに分け、合計5ブロックでの実施の予定です。ブロックごとの開催にはなりますが、開催日は小学校が11月12日（金）、中学校が11

月5日（金）としました。

各ブロックでは代表校を1校決め、代表校は、午後に全クラスで研究授業を実施します。授業内容としては「タブレット端末やICT機器を活用した授業」「遠隔地との交流をはじめとするハイブリット化した授業」「シブヤ科の授業」のいずれかを行います。さらに体育館での対面による研究協議会や、感染状況によりオンラインを活用した研究協議会を行います。

代表校以外の学校は、当日の午前中（公開時間は学校ごとに調整）に全クラスで保護者や地域等に授業公開し、午後には校長やICT教育担当教師、希望者等が代表校に集合して研究授業を参観し、協議会に参加します（もちろん、感染状況により参加者については変更する場合があります）。

それ以外の教師は、自校にて「チームス」による授業参観および協議会を視聴。区外の教師にも授業を広く公開するため、事前申込をした教師や学校関係者に「チームス」会議の参加メールを送付し、当日の授業や協議会をオンラインで参観してもらいます。

2021（令和3）年度も感染防止に留意した実施になりますが、いずれにしても**「タブレット活用の推進は止めない」**といった強い気持ちです。そして、2020（令和2）年度と同じく「ハイブリッド化」「シブヤ科」と関連した日となるように、意図的・計画的に進めていただいています。

今や、渋谷区でタブレット活用を身に付けた教師が、他自治体に異動になると「どんなふうにタブレットを使ったら良いの？」と質問を受けるなど、ICT教育に知見のある教師として頼りにされるようなっているそうです。

私が統括校長として、教育長として行ってきたことは、特別なことではありません。GIGAスクール構想で「学校デジタル化」の機運が盛り上がっている今であれば、私が行ってきたよりも、さらに短い時間で実現できるのではないでしょうか。

今こそ「未来の学校」を創造していきましょう！

第五章　「学校デジタル化」に待ったなし！〈未来の学校〉に必要なこと

1 「学校デジタル化」における課題とは

●「学校デジタル化」に必要なこと、心構え

ここまで、渋谷区立の小中学校でタブレット活用がどのように進められてきたかをお伝えしてきました。ここからは「学校デジタル化」について、私の考えや思いを少し述べてみたいと思います。

デジタル化とは、要するにアナログである文字をデジタルに落とし込む、データにすること。そして、さまざまなシステムをデジタルに移行し利便性を高めることです。

未来を生きる児童・生徒にとって「学校デジタル化」は絶対に進めていくべきものだと私は考えます。**子どもの未来を考えたときに、世の中は確実にデジタルの社会になっていきます。未来を生きる子どもには、多くの時間を過ごす学校がデジタル化を果たしていなければ、大人になったときに諸外国との大きな差が生まれてしまうでしょう。**

全国どこの地域であっても、子どもの教育について考えるのであれば、デジタル化は

避けて通れないということです。

これから「学校デジタル化」を推進していくにあたって必要なこと、考えておかねばならないことについて具体的にあげていきます。

●「デジタル教科書」が教師の負担を軽減

まず「学校デジタル化」にあたって、学校現場で用いやすいのはデジタル教科書ではないでしょうか。

デジタル教科書とは、文部科学省の検定で合格した紙の教科書と同じ内容をパソコンやタブレットの画面に表示し学習する教材です。国は、**デジタル教科書の普及率を2025（令和7）年度までに100%とする目標を掲げています。**

また、これまでは**「各教科の授業コマ数の2分の1未満」と定めた使用時間の基準を撤廃**し、2021（令和3）年度に大規模な実証事業を始めています。

教師自身は、指導者用のデジタル教科書を活用しているケースが、ほとんどだと思います。なぜなら、教師にとって指導者用デジタル教科書は「学校デジタル化」の入り口であり、使うことで教材研究の負担が軽減されて、とても便利だからです。

しかし学習者用として、子どもにとって「紙の教科書」と「デジタル教科書」のどちらが良いかと尋ねると多くの教師は悩むでしょう。使い慣れた「紙の教科書」のほうが学習には向いているといった話を教師から聞いたことがあります。

●重要なのは教科書という「モノ」ではなく、学ぶ「コト」

子どもや保護者からは、「紙の教科書」をパンパンに詰め込んだ重いランドセルやカバンを登下校時にもち運びしないですむといった理由から、「デジタル教科書」を推す声もあると思います。また、教科の特性もあるでしょう。社会科の地理分野では、タブレットなら簡単な操作で、その土地に飛んでいくことができてしまいます。一方、国語で漢字の書き取りをするには、まだタブレット用のペンではなく、鉛筆で手書きをしたほうが正確に覚えやすいといったこともあるでしょう。さらには、「デジタル教科書」

と「紙の教科書」を併用するという選択肢もありますし、これについては拙速に「どちらが良い」という答えは出せないでしょう。だからこそ実証が必要になるわけです。

渋谷区でも２０２１（令和３）年度からモデル校での学習者用デジタル教科書の導入が始まっています。これから、どちらをどのように使っていくのが良いかという実証結果が出てくるはずです。

そもそも**デジタルか紙かにかかわらず、教科書という「モノ」で学ぶのではなく、学ぶ「コト」に重きがあるという考え方ができます。**

これまでも「教科書を学ぶ」のではなく、「教科書で学ぶ」といった考え方があったわけですから、学習者用「デジタル教科書」への移行は、教師自身が「デジタル教科書」をどう使い、子どもたちにはどう使わせるかを考えなければなりません。まさに、学習者用デジタル教科書の活用は、教師の専門性、力量にかかっていると言えるでしょう。

●データ利活用で個別に最適化された学びを実現

「学校デジタル化」の真打ちは、**教育データの利活用**です。

教育データの利活用の**目的は、誰一人取り残すことのない、公正に個別最適化された学びの実現**です。これまでの学校では解決できなかった問題、気が付かなかった問題、新しい教育課題の発見など、可能性が広がることが考えられます。

具体的には、**①個人の活用による学習等のサポート　②学校教師等の指導改善　③新たな知見の創出・政策への反映**がイメージされます。

すでに、私学では利活用が進められているところもあり、教育ビッグデータを活用した学習方法が学習意欲や成績の向上につながったといった報告も耳にします。全国の自治体でスタディログ（学習履歴）等を活用した指導・支援とは何か、どのように活用するのかは、これからです。

●データと目の前の子ども、見るべきはどちらか？

教師たちからは、「教育ビックデータを活用しなくても、教師には専門性があり、私には関係ありません」「ダッシュボードを見る時間があったら、その時間は子どもと接します」「教育ビックデータは人間的ではない。教育をなめている」といった声を聞きます。

タブレット導入と同じように、教育ビックデータの利活用についても現場の反発はあることでしょう。また費用対効果も気になるところです。

いずれにしても、活用については、「教師本来の活動を置き換えるものではなく、子どもの力を最大限引き出すために支援・強化していくものである」と、文部科学省は述べています。まさに教育、教師のテーゼですね。

デジタル教科書にしても、教育ビッグデータにしても、それを使うこと自体が目的ではなく、教師がどのような目的で使うのか、使うことで子どもたちにどのようなメリットがあるのか、というところが重要なのだと思います。

●情報モラル教育で児童・生徒自身が身を守れるように

「学校デジタル化」に伴って、活用の知識を付けていかねばならないのは、子どもたちも同じです。子どもたちには、ＳＮＳの活用に伴う犯罪被害等も生じています。**SNSを使ったいじめ問題は深刻で、絶対にあってはならないことです。**

また、インターネットを長時間活用することも大きな問題ととらえられています。長時間のゲームや動画サイトの視聴は健康被害を起こすことが考えられます。

コミュニティサイト等での被害も増加しており、看過できない状況にあります。だまされたり、脅かされたりして、自分の裸の写真を送らされる被害が後を絶たないという情報も仄聞《そくぶん》します。他人の個人情報の取り扱いや不正請求等の危険への対処も課題になっています。

「学校デジタル化」で使用の機会が増えれば、危険を伴う場面が増えてくることは当然です。**学校は推進と並行して、子どもたちが自分自身でリスクから身を守れるようにするためにも、情報モラル教育により一層、力を入れることが重要になってくるでしょう。**

●学校タブレットのセキュリティは子どもとともに検討を

学校から貸与するタブレットについてもセキュリティ対策は不可欠でしょう。渋谷区の場合、**顔認証でログインします。児童・生徒が不適切なワードを検索した際はフィルタリングがかかる**ようにし、検索サイトを開いて検索ができる時間も、2020（令和2）年の一斉休校以降は小学校で午前8時から午後8時まで、中学校では午前8時から午後10時までとし、子どもたちが**深夜遅くまでタブレットを使用することがない**ようにしています。**児童、生徒どうしでのチャットやメール機能は禁止しています。教師（学校管理職）がつくったチームの中でのみ、会話ができる仕組みにしています。**このほか、学校単位でもタブレット使用についてのルールをつくり、情報モラル教育も繰り返し行っています。

学校タブレットについては使用時間など明確なルールがある一方、子どもたちの中には保護者からスマホを買ってもらい、時間制限なく使用しているという実態もあります。

セキュリティの問題については、地域や学校の実態と合わせて十分に検討することが必要です。**教員だけで決めるのではなく、コミュニティ・スクールなどで保護者や地域の意見も聞きながら、子どもたちの声も集め、一緒にルールづくりをしていくと良い**のではと思います。

●教師免許をもった「デジタル教諭」の導入を

「学校デジタル化」における大きな問題は、学校差や教師差が、子どものデジタル格差にもつながることです。対応策としては本書の取り組みを参考にしていただければと思いますが、私が提案したいのは、**「デジタル教諭」の導入**です。

すでにデジタルに長けた人材の多くがＩＴ企業に集中してしまっていて、人材が不足しており、学校で確保することは難しい状況にあります。困難な状況であることは重々承知していますが、あえて**全国の小中学校すべてに「デジタル教諭」を一人配置してほしいと考えます。一人が近隣の複数校を担当するといったスタイルでも良い**と思います。

条件は、デジタルの知見と操作能力にすぐれていること、民間のIT企業からの経験者、それに加えてもちろん教員免許をもっていることなどです。**ICT支援員との違いは教員免許をもった正規職員であること。ICT機器の扱いや使用方法について教師に指導するだけでなく、学校教育に深くかかわることができます。**教諭なので、法的に位置付けることが必要ですね。

「デジタル教諭」は、タブレット活用の授業づくりに関与し、悩んでいる教師に助言を与え、サブ教員としてできる限り授業に介入します。年間のタブレット活用等の授業計画、指導計画、デジタル化の学級経営や学校経営、校務改善に参画することなどが主な職務です。

学校に「デジタル教諭」の配置が実現されることで、デジタルを想定した学校の教育活動の幅がさらに広がり、全国の「学校デジタル化」の格差も軽減され、速度も増すと思います。

『2　デジタル化が進むからこそ大切にすべきもの』

●時間をかけることに教師の醍醐味があった

さて、デジタル化は確かに便利です。時短になりますし、情報も豊富。何より正確です。

これは私のイメージですが、アナログは、まっすぐ答えに行きつかず、間違いもあり、時間がかかり、情報は限られています。一方、デジタルは正確ですが、機械的で冷たい感じがします。アナログは手で触れられる温かみがある感じがします。そして、デジタルは瞬間、瞬間が勝負で何事も流れていってしまいますが、アナログは思い出にいつまでも残るような、浸れるような、ゆったりした時間をもらえるように思います。

アナログは問題をじっくり深く考えられ、悩み、答えが見つかった時の喜び、間違った時のくやしさはとても新鮮です。感じ方の違いでしょうが、アナログは実に人間的だと言えるでしょう。

例えば「昭和」や「平成」の多くの教師たちは、次の日の授業のために時間をかけて、教材研究をやっていました。時には夜遅くまで学校に残り、担任している学級の実態を踏まえ、どのような授業展開や授業方法が良いかと考えたり、子どもが深く考えるような発問や、「わかった」「できた」と子どもを惹き付ける教材を工夫、作成したりしていました。中には、児童・生徒一人ひとりの日々の様子を、週案簿やノートにびっしりと書き込んでいる先生もいました。時間をかけて、しっかりと授業や教材、子どもたちと向き合った経験は、教師の力量を高めてくれていました。

その教師に甘いお菓子を差し入れて「頑張っているね」と声をかける同僚もいれば、一緒になって教材研究を行ってくれる先輩教師もいました。ああでもない、こうでもない、といった職員室での教師どうしの学び合い、教え合いがありました。教頭先生は自分の仕事を後回しにして、その先生に付き合っていました。このような風景が「昭和」「平成」の職員室には少なからずありました。決してノスタルジーに浸っているわけでもなければ、現在進めている「学校の働き方改革」を否定しているわけでもありません。

これが教師の醍醐味であったし、こういったやりとりによって、学校で同僚との間に温かい気持ちが生まれ、教師が教師として本物になっていったように思います。長時間の勤務は許されませんし、改善されなくてはいけません。しかし、私はこの時代の教師の熱意を否定することはできません。

デジタル化が進み、保護者からの欠席・遅刻の連絡、相談をメールやチャットで行っている学校も増えてきています。不登校の子どもから連絡があった時も、まずはメールやチャットで返信するにしても、状況によっては、電話で声を聞いたり、学校へ来ていただいたり、家庭を訪問したりと、アナログな対面での対応が大切になってきます。

ケースバイケースではありますが、**声を聞き、顔や目を見て、膝をつき合わせて、互いに表情を交わすことで、問題が解決することがある**わけです。

●アナログをすべて排除する必要はない

デジタルによる教師や保護者の負担軽減は重要です。

しかし、時間をかけた経験や体験、アナログの良さというものがあります。学校はアナログ的な考え方・行動をなくしてはならないと思います。**「学校デジタル化」を進める一方で、子どもにアナログ的なことについても教えていくことは必要**でしょう。

「学校デジタル化」を推進していくとしても、学校においてアナログ的なものを残す、いかす、行うことがあっても良いと思うわけです。

そもそも学校のすべてをデジタルにすることは困難でしょう。**上手にアナログを残し、使いながら、「学校デジタル化」を図ることが重要**だと考えます。

●タブレットの活用時間と授業の質は一致しない

さて、ある時、大学を卒業したての若い教師が、タブレットを活用した授業を行っている姿に出会いました。児童もタブレットをうまく操作していました。

児童は45分の授業で20分以上タブレットに触っていたでしょうか。タブレット活用の授業として成立しているように見えました。

しかし、この授業は授業にあらず、授業に似て非なるものでした。

具体的には、授業のねらいが明確ではなく、児童がおしゃべりをしたりタブレットで違うことをしたりして遊ぶなど授業規律ができていませんでした。また、教師がタブレットを忘れてしまった児童のケアもできていなく、学級全員の意見をタブレット画面上で映し出してはいるものの、教師にそれを把握し個別に指導する力がないので、書かせっぱなしで終わっている……、といった様子が見られました。

見た目はタブレットを活用した授業、しかし内実は課題だらけの改善を要する授業としか言いようのない状態だったのです。

若い教師に限らず、ベテランの教師でもタブレット活用の授業を行うと「タブレットありき」の授業展開となり、本来の授業の本質が置き去りにされてしまうことがあります。

タブレットはあくまでも学ぶ道具であり、使うものであって、使われてはならないことは言うまでもありません。**「学校デジタル化」の推進とともに、タブレット活用やデジタル化だけに執着することなく、授業力はもちろんのこと、教師としての資質や能力、人間性を育むことを決しておろそかにしてはいけません。**

「学校デジタル化」やタブレット活用は大切です。

タブレットを活用した授業や教育活動は進めるべきですが、教師としての基本を身に付けていることが前提です。教師としての基本とは、例えば、授業計画や意図的・計画的な教育課程編成、学級経営の方法、保護者対応、学校経営への共通理解・共通実践等をしっかりと行えることです。そして繰り返しますが、使命感や責任感、教育的愛情、総合的愛情、総合的人間力などを磨く必要があります。

「学校デジタル化」やタブレット活用は、教師の仕事や役割を代替えできるものではないのです。教師としての職務の教育効果を上げる手段の一つに過ぎないことを忘れてはなりませんね。

3 教師の働き方改革にも「学校デジタル化」が大きく貢献

●「学校デジタル化」によりペーパーレスが進行

学校という場所は、紙を多く使うところです。

子どもに、保護者に、地域に、印刷した紙のおたよりを配ります。職員会議や校内研修会でも紙に印刷した資料を配ります。

しかし、最近の民間企業では、タブレットを常に脇に抱えて、紙の書類をできる限りなくす働き方をしているところがあります。名刺交換も紙ではなく、オンライン名刺交換がすでに行われています。紙がないことが当たり前になっている会社や企業が多くあります。

では、学校からは紙がなくなるのでしょうか。なくせるものなのか、なくならないものか少し考えてみたいと思います。

学校での紙といえば、学校だより、学年だより、保健室通信、ＰＴＡ広報誌など保護者に学校の状況を知ってもらうおたよりがあります。また、学習面ではテスト問題・解答用紙、教師の手づくり授業教材・資料があります。学校評価や行事の反省など、児童・生徒や保護者からの声、意識調査、アンケート等の調査でも紙を配ります。

印刷物関係はタブレット等の活用により、なくしていけるでしょうし、「学校デジタル化」が浸透すれば、そのように進むと思います。

データとしてすべて保存すれば、後日、取り出して確認ができ、便利です。紙媒体では紛失もあり得ますし、かさばりがちで振り返りが容易ではなかったりするので、デジタル化を図ることで、自ずと印刷物としての紙は、近い将来、学校から確実になくなると予想します。

指導要録や学校日誌等の表簿類もデジタル化がすでに進んでいます。逆になくならないでほしい、紙としてあったほうが良いと思うのは、卒業証書、卒業アルバム、学校の創立周年記念誌、賞状、担任が子どもたちへ贈る励ましなどの言葉・

手紙（手書きであるとなお良い）ではないでしょうか。通知表も紙で渡したいと私は考えますがどうでしょう。

つまり、**節目として記念につくり渡すようなもの、記録として残すもの、讃えるために表彰するようなものは、紙という形として残すことがうれしいし、必要**だと私は思います。

ところで、紙といえばノートもあります。

学習において「書く」ことに関しては、紙のノートが必要ですね。漢字の書き取り、計算、書写はもちろん、「書く」ことが、学びにとって最適である場合は、紙のノートやプリント等が重要なアイテムといえます。学習において**紙については、ゼロか百かではないということです。**

また、保護者会や行事の参加確認のためのハンコをなくす動きも「学校デジタル化」の話です。これは子どもだけでなく、保護者と学校が「チームス」やSNS等でつながっていることが前提です。あわせて遅刻・欠席連絡も可能となれば、教師も保護者も負担軽減になります。教師においては、児童・生徒の出欠席を記入する出席簿、週案簿、出勤簿等の帳簿類もデジタル化されることで、ぐっと楽になります。保護者も遅刻や欠席のたびに連絡帳を近所の家庭に預けたり、学校に持参したりする必要がなくなります。

●教師不足、管理職不足にもＩＣＴが一役買う

言うまでもなく教師の働き方改革に必要不可欠なものが「学校デジタル化」です。朝夕の教職員の打ち合わせ、職員会議、学年会や分掌部会をリモートや「チームス」、チャットやライン等で行えば集合の回数を減らせます。校外での研修会などもリモートで参加して研鑽を深めることができます。

今後、社会はデジタル化が加速し、それが当たり前になり、「学校デジタル化」も学校の日常になります。

それはたいへんに便利な時代の到来であり、デジタルによって学校変革がもたらされるでしょう。これまでの学校社会、学校文化、教師の慣習が大きく変わることは間違いないでしょう。

校務改善も進み、教師の働き方は大きく改善され、そうなれば、昨今の教師不足も管理職不足も解消されることにもなるのではないでしょうか。新規採用教師は情報活用能力を備えた者が多く入るようになり、そうなるとデジタル化された学校に違和感なくとけ込み、タブレット端末などICT機器を活用した授業づくりも当たり前にやってくれるでしょう。

新規採用教師が学校のデジタル面をリードするようになり、苦手な先生を支援するようにもなるでしょう。

ここからの5年、デジタル化で学校は大きく変わっていくのでしょう。そうなると、確実に教師や授業、子どもが変わる。学校が変わる。それは間違いありません。

「未来の学校」に！

【あとがき】

2019(令和元)年11月に行ったはじめての「渋谷タブレットの日」のパネルディスカッションでは、学校関係者として手代木校長、柳原副校長に登壇いただいたことは、本文中でもご紹介しました。

ともに一人一台のタブレット導入に現場がいかに混乱し、そしてどのように活用が進められてきたのか、実感のこもったお話をしていただきました。

手代木校長は「一人一台のタブレットがやってきて、子どもたちはとても喜びました。しかし、実際に教室に配備されると、どのように使って良いものかと多くの教師が困惑しました」と、振り返ります。

「まずは使えるところから始めようということで、子どもたちはカメラ機能から活用を始めました。低学年でも友達や身の周りのものをパシャパシャ撮影していました。教師の多くが使い始めたのは、指導者用のデジタル教科書でした。デジタル教科書の映像を

黒板に提示すると、子どもたちの視線が黒板に集まります。授業の導入で教材への興味・

関心を高めるという点では効果的です。加えて、教材準備の時間の短縮にもつながっています」。

また、柳原副校長も当時の中学校の状況を以下のように話しました。柳原副校長は、私が上原中学校の統括校長として2年目に副校長に就任され、1年間ともにタブレット活用に邁進した「相棒」です。

「中学校は教科による違いがあり、タブレットを使いやすい教科と使いにくい教科というのがあると思います。当時はどのように、どのくらい、使えば良いのかが具体的にわからないまま、時間が過ぎていきました。しかし、研修会で『タブレットは50分間使い続けるわけではなく、効果的な場面で15～20分ぐらい程度使えれば良い』と講師の先生に伺い、教師たちの不安が一掃されました。またICT支援員さんから、**タブレットやアプリの具体的な操作方法や授業での活用の仕方などについて研修で学んだ結果、教師たちが『これならできる』『使ってみようか』という雰囲気になっていったのです**」。

タブレット活用の推進について、手代木校長は「**タブレット活用の推進は、管理職の覚**

悟、リーダーシップが大きいのではないかと私は思います」と話しました。

校長が**「わが校ではタブレット端末を使った授業をする!」**ということを教師に明確に示し、授業観察し、授業評価をしてきたことが効果的だったそうです。

そして、教育委員会教育指導課長（当時）の坂本教喜先生も印象に残るお話をしてくれました。

「これからは、タブレット活用の質を高めていくことです。授業を行う教師が、なぜその場面でICTやタブレットを活用するのか、その意図は何であるのか、ICTやタブレットの活用が本時や単元・題材の目標の到達に向けて有効であるのかを考え、その上で活用していくことが大切です」。

一人一台のタブレットを有効に活用するには具体的な戦略、プロセスが必要です。

皆さん、新しい扉は厚く重くとも、タブレットを前にひるんではいけません。挑まなければ、授業や学校は変わりません。そして「学校デジタル化」は一朝一夕には進みません。

「学校デジタル化」を進める上で、教師は子どもの発達段階を考慮したICT機器を適切に活用する指導を進めることが大切です。

まず、小学校低学年で電源を入れたり切ったりする操作、マウスでクリックやダブルクリックする操作などの基本操作ができることはもちろんのこと、文字入力やダウンロード、簡単な命令を使ったプログラミング、カメラ機能を使って写真撮影ができることなどから始まります。

そして学年が上がるにつれて、ローマ字での文字入力、フォルダ管理、写真や動画を撮影して編集するなどのカメラ機能、インターネット検索、アプリケーションソフトの有効活用ができる、プログラミングができるなど、適切に活用する段階に進みます。


学習は積み重ねです。発達段階を無理して、ハードルを上げることがあってはいけません。発達段階によって、さらには個々の児童・生徒の状況に応じて進めることが、実は早道なのです。あせってはいけません。要するに、子どもに寄り添って行っていくということですね。

本書が、少しでも「学校デジタル化」実現の端緒や拠り所になってくれたなら、うれしく思います。

結びに、渋谷区立上原中学校、および、渋谷区立学校の校長先生・副校長先生、そして、すべての教職員の皆さまに感謝を申し上げます。タブレット活用の推進にあたりご尽力いただきありがとうございました。

また、渋谷区の子どもたちの「未来の学校」実現に向け、労を惜しまず取り組んでくれた渋谷区教育委員会職員の皆さまに深く感謝を申し上げます。

皆さまは、渋谷区の子どもたちの教育の充実のために、真摯に取り組まれました。そして、今もさらなる高みに向かって取り組んでおられます。

そのことに重ねて、深く感謝を申し上げ、「あとがき」といたします。

ありがとうございました。

2021年9月　**豊岡弘敏**

【著者紹介】
豊岡弘敏（とよおか・ひろとし）

1960 年大分県大分市生まれ。文教大学卒業後、東京学芸大学大学院教育学研究科修士課程修了、東京都公立学校中学校教員、練馬区教育委員会指導主事・統括指導主事、葛飾区立桜道中学校校長、小金井市教育委員会指導室長、東京都教育委員会人事部主任管理主事を経て、2016 年渋谷区立上原中学校統括校長、2018 年渋谷区教育委員会教育長に就任、2021 年 3 月任期満了。

なぜシブヤの小学2年生はタブレットを使いこなせるのか?
―非カリスマ型リーダーのICT改革戦略―

2021年10月26日　初版発行

著　　者：豊岡　弘敏
発 行 者：花野井道郎
発 行 所：株式会社時事通信出版局
発　　売：株式会社時事通信社
〒104-8178　東京都中央区銀座5-15-8
電話 03（5565）2155　https://bookpub.jiji.com/

装丁・本文／デザイン　キタハラデザイン事務所
編集担当　大久保昌彦
編集協力　株式会社 童夢　古川はる香

印刷／製本　株式会社 太平印刷社

ISBN978-4-7887-1791-6　C0037　Printed in Japan